BUNTE KOSMOS TASCHENFÜHRER

Bunte Kosmos-Taschenführer

Weitere Bücher für den Naturfreund aus dieser Reihe:

Pflanzen: Aichele, Das blüht an allen Wegen – Aichele, Hier find ich Deutschlands schönste Pflanzen – Aichele/Schwegler, Bunte Welt der Alpenblumen – Aichele/Schwegler, Die Natur im Jahreslauf – Bechtel, Bunte Welt der Kakteen – Bechtel, Bunte Welt der Zimmerblumen – Bechtel, Exotische Orchideen – Haas/Schrempp, Pilze, die nicht jeder kennt – Haas/Schrempp, Pilze in Wald und Flur – Kohlhaupt, Bunte Welt der Orchideen – Kremer, Pflanzen unserer Küsten – Kult, Kosmos-Pilzfibel – Rein, Bunte Welt der Gartenblumen – Rüdt, Heil- und Giftpflanzen – Sanderse, 60 Aquarienpflanzen – Sanderse, Pflanzen als Aquarienschmuck – Schönfelder, Das blüht am Mittelmeer – Zech, Bäume und Sträucher – Zech, Bunte Welt der schönen Rosen

Tiere: Adrian, Große Hunde – Adrian, Kleine Hunde – Aichele, Das fängt man mit der Angel – Bechtel, Bunte Welt der Stubenvögel – Bechtle, Bunte Welt im Terrarium – Entrop, Muscheln und Schnecken an Europas Küsten – Hoeher, Vogelkinder und ihre Eltern – Jurzitza, Unsere Libellen – Neugebauer, Korallenfische im Aquarium – Nissen, Pferde und Ponys – Pfletschinger, Bunte Welt der Insekten – Pfletschinger, Einheimische Spinnen – Rein/Zech, Wunderwelt der Schmetterlinge – Rohm, Bunte Welt der Vögel – Splechtna/Hilgers, Niedere Tiere im Meeresaquarium – Schwammberger, Bunte Welt der Tiere – Thies, 62 Katzen in Farbe – Weiß, Bunte Welt der Tropenfische – Weiß, Fische fürs Gesellschaftsbecken

Minerale, Steine und Versteinerungen: Hartmann/ Binnewies, Edelsteine – Lieber, Bunte Welt der schönen Steine

Biotopführer: Aichele/Schwegler, Die Natur in unserer Stadt – Aichele/Schwegler, Lebensraum Alpen – Aichele/Schwegler, Seen, Moore, Wasserläufe – Aichele/Schwegler, Wald und Forst

Reiseführer für Naturfreunde: Ballenberger/Haas, Die Schwäbische Alb in Farbe – Bechtel, Das Münsterland in Farbe – Bechtel, Der Niederrhein in Farbe – Bechtle, Der Neusiedler See in Farbe – Bechtle, Provence und Camargue in Farbe – Bechtle, Stuttgart für Naturfreunde – Gruber, Der Schwarzwald in Farbe – Grupe, Naturschutzpark Lüneburger Heide in Farbe – Haeupler, Der Harz in Farbe – Heierli, Graubünden in Farbe – Janus, Das Watt – Jung, Sauerland und Siegerland in Farbe – Körber, Die Allgäuer Alpen in Farbe – Körber, Das Altmühltal in Farbe – Matthes, Die Felsenküste der Adria – Pott/Schwoerbel, Der Bodensee in Farbe – Roth, Westerwald und Siebengebirge in Farbe – Sauer, Das bayerische Voralpenland in Farbe – Sauer, Die Eifel in Farbe – Streble, Was find ich am Strande? – Tuchen, Die Vogesen in Farbe – Vogt, Teneriffa in Farbe

Karl Wilhelm Harde / Hans Pfletschinger

Bunte Welt der Käfer

120 einheimische Käfer in Farbe

Kosmos · Gesellschaft der Naturfreunde
Franckh'sche Verlagshandlung · Stuttgart

Mit 120 Farbfotos von F. Bretzendorfer (3), D. Cymorek (2), S. Cymorek (1), F. Hebauer (13), K. W. Harde (2) und H. Pfletschinger (99)
sowie 30 Zeichnungen von Sigrid Haag

Umschlag von Edgar Dambacher unter Verwendung einer Aufnahme
von Hans Pfletschinger
Das Bild zeigt ein Männchen des Hirschkäfers, Lucanus cervus

CIP-Kurztitelaufnahme der Deutschen Bibliothek

Harde, Karl Wilhelm
Bunte Welt der Käfer : 120 einheim. Käfer in
Farbe / Karl Wilhelm Harde ; Hans Pfletschinger.
– 1. Aufl. – Stuttgart : Franckh, 1978. –
(Bunte Kosmos-Taschenführer)
ISBN 3-440-04639-7

NE: Pfletschinger, Hans:

Franckh'sche Verlagshandlung, W. Keller & Co., Stuttgart/1978

Printed in Italy/Imprimé en Italie/LH 14 be/ISBN 3-440-04639-7
Satz: Konrad Triltsch, Würzburg
Herstellung: Grafiche Muzzio, Padua/Italien

Bunte Welt der Käfer

Vorwort

Es gibt mehr als 30 verschiedene Insektenordnungen, von denen eine besonders artenreich ist: die der Käfer. Bisher kennt man auf der Welt etwa 350 000 Käferarten, und in jedem Jahr werden noch Hunderte oder gar Tausende neu entdeckt und beschrieben. Auch in Mitteleuropa ist die Käferfauna mit mehr als 8 000 Arten ungewöhnlich reich. Die Käfer verteilen sich auf fast 100 Familien, von denen einige auch bei uns sehr artenreich sind (Lauf-, Blatt-, Rüsselkäfer und Kurzflügler); andere sind in unserer heimischen Fauna nur durch wenige Arten vertreten.

In einem Buch wie diesem auch nur annähernd einen Überblick über die heimischen Käfer geben zu wollen, ist ganz unmöglich. Wir haben aber bei der Auswahl der Fotos Wert darauf gelegt, daß häufige und biologisch wichtige Arten vertreten sind und daß die bekannteren und großen Familien berücksichtigt wurden.

Trotz der unübersehbaren Artenzahl ist der Bauplan der Käfer ungewöhnlich einheitlich. Man denke an einen Mai-, Marien- oder Kartoffelkäfer, dann hat man sofort das Bild „Käfer“ vor Augen: ein hart gepanzertes Insekt mit kleinem Kopf, mäßig großem Halsschild und mit Deckflügeln (Elytren), die den Hinterleib bedecken. Es gibt zwar auch Käfer mit reduzierten Elytren (*Histeridae* – Stutzkäfer und *Staphylinidae* – Kurzflügler) oder Käfer, bei denen Deckflügel ganz fehlen (Weibchen der *Lampyridae* – Leuchtkäfer), doch ist das im allgemeinen sehr selten.

Käfer haben alle möglichen Lebensräume besiedelt und sich im Laufe einer langen Entwicklungsgeschichte biologisch stark differenziert. Die einen leben räuberisch, andere von Pflanzen, Dung, Kadavern usw. Viele Arten sind uns nützlich, wie die Blattläuse fressenden Marienkäfer, noch mehr Arten treten aber auch in Feld und Wald, ja sogar im Haus als unsere Konkurrenten auf und können verheerende Schäden anrichten. Hoch interessant sind die Biologien mancher Arten. Hierüber wird im Text zu den Bildtafeln berichtet. Eines muß aber noch gesagt werden: Selbst über die Biologie vieler einheimischer Arten wissen wir bisher nur sehr wenig oder sogar gar nichts. Auch heute noch erlebt jeder, der sich mit Käfern befaßt, immer und immer wieder aufregende Entdeckerfreuden.

Die schwarzen Quadrate auf der Randspalte weisen auf die dazugehörigen Fotos hin.

Der Bauplan eines Käfers

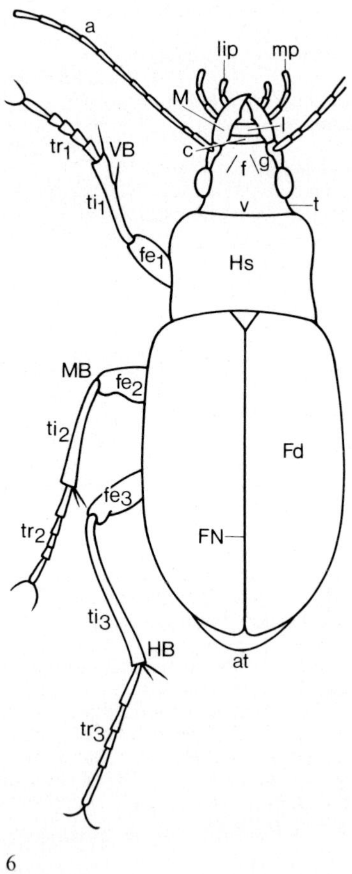

Oberseite

a	Fühler (Antenne)
lip	Unterlippentaster (Labialpalpus)
M	Oberkiefer (Mandibel)
mp	Unterkiefertaster (Maxillarpalpus)
l	Oberlippe (Labrum)
c	Kopfschild (Clypeus)
g	Wange (Gena)
t	Schläfe (Tempus)
f	Stirn (Frons)
v	Scheitel (Vertex)
Hs	Halsschild (Pronotum)
Fd	Flügeldecke (Elytre)
FN	Flügeldeckennaht
at	Analtergit (Pygidium)
VB	Vorderbein
MB	Mittelbein
HB	Hinterbein
fe	Schenkel (Femora) der 3 Beinpaare
ti	Schienen (Tibiae) der 3 Beinpaare
tr	Füße (Tarsen) der 3 Beinpaare

Unterseite

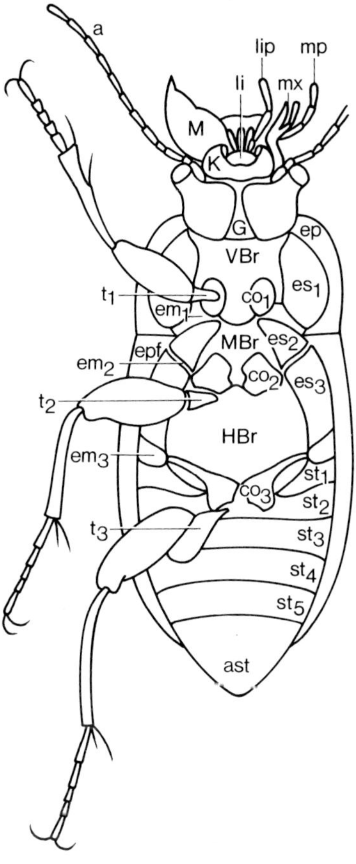

a	Fühler (Antenne)
lip	Unterlippentaster (Labialpalpus)
M	Oberkiefer (Mandibel)
mx	Unterkiefer (Maxille)
mp	Unterkiefertaster (Maxillarpalpus)
li	Unterlippe (Labium)
K	Kinn (Mentum)
G	Kehle (Gula)
ep	Epipleure des Halsschildes
epf	Epipleuren der Flügeldecken
es	Episternen (1-3 der Vorder-, Mittel-, Hinterbrust)
co	Hüften (Coxen) der Beine
st	Bauchspangen (Sternite 1-5)
ast	Afterspange (Analsternit)
t	Schenkelringe (Trochanteren) der 3 Beine
VBr	Vorderbrust
MBr	Mittelbrust
HBr	Hinterbrust
em	Epimeren 1-3 von Vorder-, Mittel- und Hinterbrust

Schnelle Erkennung besonderer Käferfamilien. Worauf muß man achten?

Die Unterseite eines Käfers ist viel stärker gegliedert als seine Oberseite. Es ist daher nicht verwunderlich, daß die meisten Merkmale, die man zur Bestimmung der Käfer heranziehen kann, auf der Körperunterseite liegen. Eine Bestimmungstabelle, die sich auf solche und andere diffizile Merkmale stützt und mit deren Hilfe man die bei uns vorkommenden Käferfamilien wirklich determinieren könnte, würde allein dieses Buch füllen. Zur richtigen Bestimmung muß man darum Spezialliteratur zu Rate ziehen. Es gibt aber für bestimmte und häufige Familien deutlich sichtbare Merkmale, auf die man nur achten muß, um wenigstens diese Käfer zu erkennen. Wenn sich danach auch viele der in diesem Buch abgebildeten Arten nicht ansprechen lassen, sollen hier doch einige Hinweise gegeben werden.

1. Blick	2. Blick		
Kopf rüsselförmig verlängert 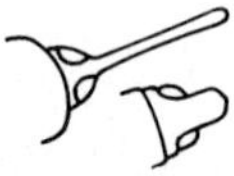		Fühler gekniet	Rüsselkäfer, S. 66
		Fühler nicht gekniet	Rüsselkäfer, Blattroller S. 66
Beine zu Schwimmbeinen umgebildet (vor allem Hinterbeine) 		Hinterbeine kurz (Vorderbeine länger)	Taumelkäfer, S. 18
		Hinterbeine lang 3 letzten Fühlerglieder keulig	Wasserfreunde, S. 18
	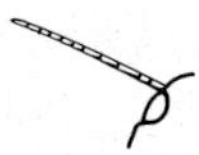	Hinterbeine lang Fühler einfach	Gelbrandkäfer, S. 18
Flügeldecken fehlen fast ganz	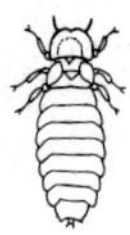	Käfer larvenförmig	Leuchtkäfer-Weibchen, S. 24
stark reduziert 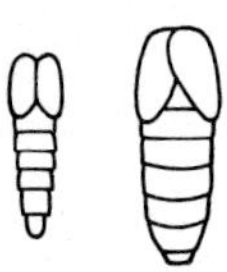		Fühler kurz (Käfer laufen schnell)	Kurzflügler, S. 22
		Fühler lang (Käfer fliegen)	Bockkäfer (wenige aus der Familie), S. 50
	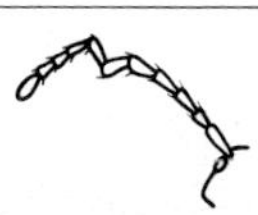	Fühler eigenartig gekniet (träge, oft große Käfer)	Ölkäfer, S. 42
 bedecken den Hinterleib nicht ganz		Körperform breit Fühler gekniet, an der Spitze knopfförmig	Stutzkäfer, S. 20
weich und biegsam			Weichkäfer, S. 24

1. Blick		2. Blick		
Fühler	lamellen-förmig		1. Glied lang, von den anderen winklig abgesetzt	Hirschkäfer, S. 44
		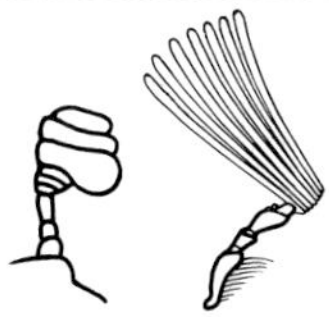	1. Glied nicht besonders lang, nicht von den anderen abgewinkelt erst Fächer nach vorn abstehend	Mistkäfer, S. 48 Maikäfer, S. 46 Rosenkäfer, S. 48
	fadenförmig	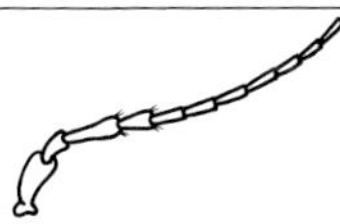	Fühler mittelmäßig lang, Bodentiere, Räuber	Laufkäfer, S. 14
		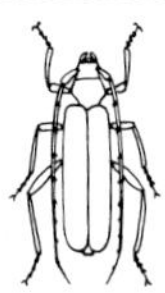	Fühler meist sehr lang, oft auf Blüten, Pflanzenfresser	Bockkäfer, S. 50
Körper	rund bis oval 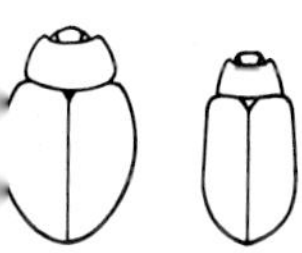	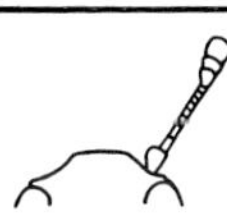	Fühler kurz; Glieder zur Spitze breiter werdend Tiere meist mit Punkten	Marienkäfer, S. 36
		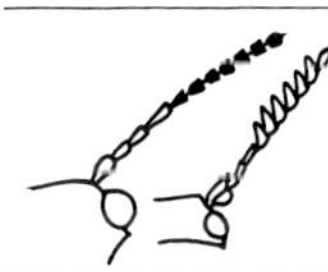	Fühler länger, schnur- oder fadenförmig, selten sägeartig	Blattkäfer, S. 60
	länglich, schmal 		Käfer schnellen mit Brustabschnitt in die Höhe. Halsschildhinterecken spitz	Schnellkäfer, S. 28
			Käfer ohne Schnellvermögen Halsschildhinterecken stumpf	Prachtkäfer, S. 30

Die Entwicklung

Die Käfer gehören zu den holometabolen Insekten, das heißt zu denen, die eine vollkommene Verwandlung durchmachen. Die Larven gleichen den ausgewachsenen Tieren, den sogenannten Adulten oder Imagines, überhaupt nicht. Auch die einzelnen Larvenstadien können verschieden sein. Die Verwandlung von der Larve zur Imago erfolgt in einer Puppe. Im gesamten Entwicklungszyklus der Käfer treten vier völlig voneinander verschiedene Stadien auf: Ei – Larve – Puppe – Imago.

Das Ei (Marienkäfer-Ei). Die Eier der Käfer sind verhältnismäßig klein. Sie werden vom Weibchen einzeln oder in unterschiedlich großen Haufen abgelegt, in letzterem Fall fallen sie mitunter auf. Die Eizahl schwankt von Art zu Art beträchtlich. Käfer, die für ihre Brut sorgen, legen relativ wenig Eier, die das nicht tun, meist sehr viele. Oft wählen die Weibchen zur Ablage bestimmte Plätze und sorgen somit dafür, daß die aus dem Ei schlüpfenden Larven gleich ihr spezielles Futter finden. Das gilt vor allem für Blattkäfer und andere pflanzenfressende Arten, die in ihrer Nahrung meist sehr spezialisiert sind. Marienkäfer-Weibchen legen ihre Eier vorwiegend in die Nähe von Blattlauskolonien, weil sie und ihre Larven Blattlausfresser sind.

Die Larve (Marienkäfer-Larve). Das Larvenstadium ist das einzige Wachstumsstadium im Lebenszyklus eines Käfers – der Käfer selbst vermag wegen seines festen, harten Chitinpanzers nicht mehr zu wachsen. Aber auch die Larven besitzen ein Außenskelett aus Chitin, das nur bedingt dehnbar ist. Deshalb wachsen sie gewissermaßen „in Schüben". Im Laufe ihrer Entwicklung häutet sich die Larve mehrmals: Die alte Haut wird dann abgestreift und durch eine neue, größere ersetzt, die in der ersten Zeit nach der Häutung noch dehnbar ist. Käferlarven sind außerordentlich verschieden. Sie haben alle Lebensräume erobert, die einen leben im Wasser, andere im Boden, in Holz, Kot, Mulm, oder sie laufen frei herum. Viele Käferlarven besitzen gut ausgebildete Beine und können schnell rennen oder schwimmen; bei anderen sind die Beine stark zurückgebildet, bei einigen fehlen sie sogar völlig. Viele Larven sind selbst von einheimischen Arten noch unbekannt.

Die Puppe (Marienkäfer-Puppe). Wenn die Larve ausgewachsen ist, häutet sie sich noch ein letztes Mal; aber nicht wieder zu einer Larve, sondern zur Puppe. In diesem Entwicklungsstadium erfolgt der Abbau der Larvalorgane und die Neubildung der Imaginalorgane. Käferpuppen findet man vor allem in Höhlen, die von den Larven in Pflanzen, im Boden oder unter Baumrinde gebildet wurden, aber auch frei an Pflanzen hängend. Puppen können sich nicht fortbewegen; ihre Körperkonturen lassen bereits Einzelheiten des Käferkörpers erkennen.

Die Imago – Der Käfer (Zweipunkt-Marienkäfer, Adalia bipunctata). Der aus der Puppe schlüpfende Käfer ist zunächst noch sehr weich. Sein Außenskelett aus Chitin erhärtet aber bald und wächst nicht mehr. Ein kleiner Käfer kann also nicht mehr größer werden, wie viele Menschen glauben. Nur bei wenigen Käfern bleiben die Chitinteile des Körpers relativ weich (*Cantharidae,* Weichkäfer), doch auch sie wachsen nicht mehr. Käfer ernähren sich von allen möglichen organischen Substanzen; die einen sind phytophag (Pflanzenfresser), andere koprophag (Kotfresser) oder nekrophag (Aasfresser), ein großer Teil lebt auch räuberisch, wie *Coccinella septempunctata,* der als Käfer und als Larve vor allem Blattläuse vertilgt. Die Lebensdauer der Käfer ist meist gering und beträgt oft nur wenige Wochen, z. B. beim Maikäfer (seine Larvenzeit dagegen mehrere Jahre). Nur Arten, die als Imago überwintern, leben viele Monate, die längste Zeit davon allerdings in einem Starrezustand.

Käferlarven

So einheitlich und charakteristisch der Körperbau der Käfer ist, so uneinheitlich und verschieden sind die Larven. Es ist nicht einmal möglich, anzugeben, wie und woran man eine Käferlarve erkennt.
Im Laufe der Stammesgeschichte haben die Käfer die verschiedensten Biotope besiedelt. Die Larven haben sich in ihrem Körperbau an die Umgebung, in der sie sich entwickeln, angepaßt. Larven, die im Wasser leben (Gelbrandkäfer), müssen Probleme der Atmung und Nahrungsaufnahme lösen. Frei umherlaufende Larven (Laufkäfer, Marienkäfer) mußten Laufbeine zur schnellen Fortbewegung entwickeln. Für Larven, die im Substrat leben (Bockkäfer im Holz), wurden Beine oft ganz überflüssig; bei Käferlarven kennt man darum alle Stadien der Reduktion bis zur völligen Beinlosigkeit. Zur Verdeutlichung der Unterschiede werden hier vier extrem verschiedene Käferlarven gezeigt.

■□ □□ **Dytiscus marginalis, Gelbrandkäfer.** Die in stehenden Gewässern lebende Larve ist ein Räuber, der sogar Beutetiere überwältigt, die größer sind als er selbst. Es ist nicht ohne weiteres möglich, unter Wasser zu fressen. Die Larven der Gelbrandkäfer haben dieses Problem sehr elegant gelöst. Ihre großen dolchartigen Kiefer sind hohl. Werden diese Zangen in die Beute geschlagen, dann werden Verdauungssäfte in das Opfer injiziert. Nach einer Zeit saugt die Larve dann die vorverdaute Nahrung durch die Zangen ein. Zur Deckung ihres Sauerstoffbedarfes kommt die Larve von Zeit zu Zeit zur Wasseroberfläche und nimmt am Hinterleibsende atmosphärische Luft auf. Die Verpuppung erfolgt am Rande des Gewässers im Boden. Käfer: Seite 18.

□■ □□ **Carabiden-, Laufkäfer-Larve.** Die Laufkäfer und ihre Larven sind vor allem Räuber, die flink umherlaufen und Opfer (andere Insekten, Würmer, Schnekken) suchen. Die Beutetiere werden mit den starken Kiefern gepackt; in sie werden Verdauungssäfte injiziert, die die Nahrung außerhalb des Räuberkörpers vorverdauen. Dann saugen die Larven die Nahrung ein. Käfer: Seiten 14 und 16.

□□ ■□ **Cetonia aurata, Rosenkäfer.** Die Larven der *Scarabaeidae* (Blatthornkäfer) zeigen alle den gleichen Typ, es sind die Engerlinge, dicke, unbeholfene, Beine tragende, weißliche Larven, die im Boden oder im Mulm leben. Sie sind Vegetarier, die lebende (Maikäfer) oder abgestorbene (Rosenkäfer) Pflanzenteile fressen. Die Engerlinge der Rosenkäfer, die sich von denen der Maikäfer vor allem durch ihre kürzeren Beine und den kleineren Kopf unterscheiden, leben im Mulm alter Bäume, zum Beispiel in Eichen, Pappeln, Weiden und Obstbäumen. Gelegentlich findet man sie aber auch in Humuserde. Eigenartig ist der Lebensraum der ebenfalls als Rosenkäfer bezeichneten Art *Potosia cuprea.* Deren Larve entwickelt sich in Ameisennestern; sie lebt dort von den zusammengetragenen Holzstückchen und dem Holzmulm. Die Ameisen kümmern sich nicht um diese meist in den unteren Nestpartien lebenden Einmieter. Käfer: S. 49.

□□ □■ **Saperda carcharias. Großer Pappelbock.** Die Larven der Bockkäfer sind Pflanzenfresser. Mehr als 80% der einheimischen Arten entwickelt sich in Laub- und Nadelhölzern, der Rest in Stengeln und Wurzeln von Kräutern und nur ganz wenige in der Erde an Graswurzeln. Bockkäferlarven leben also in ihrer Nahrung und brauchen sich daher nicht weit fortzubewegen, um Futter zu finden. Darum haben sie auch entweder nur ganz verkümmerte Füße, oder die Füße fehlen ganz. Ihr Leben in völliger Dunkelheit hat auch dazu geführt, daß sie keine Pigmente ausbilden. Sie sind farblos weiß bis gelblich, nur die Kiefer sind zum Nagen von Holz sehr stark chitinisiert und darum dunkel gefärbt. Die Larve des Großen Pappelbockes lebt in Pappeln, selten in Weiden. Die Entwicklung dauert 2 – 3 Jahre. Käfer: S. 58.

Familie Carabidae, Laufkäfer

Laufkäfer haben eine allgemein länglichovale Körperform, besitzen einfache, fadenförmige Fühler und relativ lange und dünne Beine, mit denen sie schnell laufen können. Die meisten Arten können zwar fliegen – einige kommen auch nachts ans Licht –, lieber laufen sie aber auf der Flucht davon. Nur die Sandlaufkäfer fliegen bei Beunruhigung sofort auf. Die Großlaufkäfer der Gattung *Carabus* sind flugunfähig, bei den meisten Arten sind die häutigen Flügel (das 2. Flügelpaar) mehr oder weniger reduziert, bei vielen sogar ganz zurückgebildet.

■□
□□ **Cicindela campestris, Sandlaufkäfer,** 10,5 – 14,5 mm. Sandlaufkäfer (Gattung *Cicindela*) sind wärmeliebende Tiere, die sich bei uns, in den gemäßigten Breiten, nur im Sommer in der warmen Mittagssonne sehen lassen. Dann laufen sie sehr flink auf sandigen Stellen umher und machen Jagd auf andere Insekten. Mit ihren sehr großen, starken und spitzen Kiefern können sie sogar den Menschen schmerzhaft beißen. Bei Beunruhigung fliegen sie sofort auf und lassen sich mehrere Meter weit entfernt wieder auf den Boden fallen, um erneut aufmerksam ihre Umgebung zu beobachten. *Cicindela* mit der Hand zu fangen ist äußerst schwierig; erwischt man sie doch, beißen sie sofort zu. In Mitteleuropa gibt es 12 Sandlaufkäfer-Arten, von denen der grüne *C. campestris* zu den häufigen Arten zählt. Von April bis September kommt er bei uns überall an sandigen Stellen vor; neuerdings ist sein Bestand stellenweise allerdings stark zurückgegangen.

□■
□□ **Cicindela hybrida,** 11,5 – 15,5 mm. Auch dieser Sandlaufkäfer gehört zu den häufigen Arten der Gattung. Von April bis zum Oktober findet man ihn an sandigen Plätzen. Das Vorkommen der Sandlaufkäfer auf leichten, lockeren, oft sandigen Böden hat seinen Grund in der Lebensweise der Larven. Sie sitzen in senkrechten Bodenröhren, die sie nur in leichtem Untergrund graben können und die sie mit ihrem eigenartig gebauten Kopf und Halsschild verschließen. Sie fangen andere Insekten und saugen sie aus. Die Röhren sind oft 30 – 40 cm tief. Bei geringster Erschütterung des Bodens ziehen sich die Larven tief in die Röhren zurück und kommen erst nach einiger Zeit wieder darin hoch. Um leicht auf- und absteigen zu können, besitzen die Larven außer ihren normalen 6 Beinen am 5. Rückensegment des Brustabschnitts zwei hornige Häkchen, mit deren Hilfe sie sich auch in der Röhre festhalten. Die Entwicklung dauert zwei oder drei Jahre; die Verpuppung erfolgt am Grunde der Röhre, die zuvor oben verschlossen wird. Die Puppenruhe dauert 2 – 4 Wochen.

□□
■□ **Carabus auratus, Goldlaufkäfer, Goldhenne,** 17 – 30 mm. Diesen grüngolden glänzenden Vertreter der Gattung *Carabus,* die in Mitteleuropa mit 34 Arten vertreten ist, sieht man von April bis zum August tagsüber lebhaft herumlaufen. Das ist für einen *Carabus* recht ungewöhnlich, denn die meisten Arten sind Dämmerungs- oder Nachttiere. Der Goldlaufkäfer liebt Wärme, meidet aber reinen Sandboden.

□□
□■ **Carabus coriaceus, Lederlaufkäfer,** 30 – 40 mm. Der Lederlaufkäfer trägt seinen Namen nach den lederartig gerunzelten Flügeldecken. Diese größte heimische *Carabus*-Art ist bei uns überall vertreten und lebt sogar im Hochgebirge. Der Käfer kann 2 – 3 Jahre alt werden und läßt sich von Mai bis Oktober draußen sehen; den Winter verbringt er in einem Versteck. Wenn er im Herbst sein Winterquartier sucht, fällt er oft in Kellerräume. Nicht selten findet man in einem Keller eine ganze Menge von ihnen. Bei allen *Carabus*-Arten kann man die Geschlechter leicht erkennen: Die Fußglieder der Männchen sind stark verbreitert. Unter der Sohle eines Gliedes stehen 1000 – 4000 Hafthaare, die an der Spitze saugnapfförmig verbreitert sind. Mit ihrer Hilfe kann sich der Käfer auch an glatten Flächen gut halten.

Familie Carabidae, Laufkäfer

Die Vertreter dieser artenreichen Familie leben vorwiegend räuberisch. Mit ihren starken Kiefern greifen und halten sie ihre Beute fest. Dann injizieren sie ihren Opfern den Inhalt ihres Mitteldarmes, der Verdauungssekrete enthält. Außerhalb des Körpers kommt es also zu einer Vorverdauung der Nahrung (extraintestinale Verdauung), die dann aufgenommen wird. Einige Laufkäfer mögen aber auch süße Früchte, so werden z. B. Erdbeeren angefressen. Durch den „Getreidelaufkäfer", *Zabrus tenebrioides,* der gern die noch weichen, milchigen Getreidekörner anfrißt, vor allem aber durch den Fraß seiner Larven an jungen Getreidepflanzen, kann es bei Massenauftreten zu schweren Schäden und Ernteausfällen kommen.
Käfer können sich im allgemeinen gegen Feinde kaum verteidigen, nur einige wenige beißen kräftig; dazu gehören eine ganze Reihe von Caraben. Viele von ihnen besitzen aber auch noch Drüsen am Hinterleib, aus denen sie ein übel riechendes Sekret absondern oder sogar aktiv ausspritzen. Die Großlaufkäfer geben zudem einen moschusartigen Geruch von sich, der stundenlang an den Fingern haftet. Die auch zu den Caraben zählenden Bombardierkäfer spritzen eine explosive Flüssigkeit aus dem After, die an der Luft mit hörbarem Knall explodiert. Einen absoluten Schutz vor Feinden liefern aber alle diese Vorrichtungen nicht.

■□ □□ **Platynus dorsalis,** 5,8 – 7,5 mm. Dieser Käfer – in der Literatur auch unter dem Namen *Idiochroma dorsalis* bekannt – ist an seiner lebhaften Färbung von seinen meist einfarbigen Verwandten gut zu unterscheiden. Bei uns findet man ihn fast überall im Kulturland, vor allem aber an sonnigen Hecken und im Gebüsch. Im Gebirge bewohnt er nur die Täler.

□■ □□ **Nebria brevicollis,** 10 – 13 mm. Die Arten der Gattung *Nebria* – in Mitteleuropa sind 20 nachgewiesen – sind relativ schlank und ziemlich flach gebaut. Viele Arten können nicht fliegen, ihre Verbreitungsgebiete sind darum oft nur klein, vor allem bei Hochgebirgsformen. *Nebria brevicollis* kommt jedoch von Westeuropa bis zum Kaspischen Meer überall vor. Bei uns ist diese Art meist häufig in Wäldern mit einer Humusschicht zu finden, vor allem in Laubwäldern.

□□ ■□ **Platynus assimilis,** 10 – 12 mm. Mehrere der 8 bei uns in Mitteleuropa vorkommenden *Platynus*-Arten gehören zu den allgemein und überall häufigen Laufkäfern. *Platynus assimilis* ist einer unserer häufigsten Carabiden überhaupt. Man findet ihn in Wäldern unter Moos und loser Baumrinde, sowie an Baumstümpfen. Auch im Winter ist er dort – in Starre – in seinen Winterquartieren zu finden, denn die Art überwintert als Käfer. Die Fortpflanzung fällt ins Frühjahr.

□□ □■ **Harpalus rubripes,** 8 – 11 mm und sein Verwandter *H. rufipes,* der auch unter dem Namen *Ophonus* oder *Pseudophonus pubescens* bekannt ist, gehören zu der sehr artenreichen Gattung *Harpalus.* Alle 68 einheimischen Arten sind mittelgroß (4,6 – 17 mm) und mehr oder weniger langoval. Von mehreren Arten ist bekannt, daß sie gemischt karnivor und phytophag sind, d. h. daß sie nicht nur räuberisch leben, sondern auch pflanzliche Kost zu sich nehmen, wobei ölhaltige Samen bevorzugt werden. *Harpalus rufipes,* eine der größten Arten der Gattung, ist schwarz und an den gelbroten bis rotbraunen Fühlern und Beinen zu erkennen. Er ist bei uns überall häufig und kommt in den verschiedensten Lebensräumen vor, auch im Kulturland, besonders häufig auf Lehmböden. Bei starkem Auftreten kann dieser Käfer in Erdbeerkulturen zum Schädling werden, wo er mit Vorliebe die kleinen Nüßchen von den Beeren frißt. Nicht selten findet man ihn und die anderen Arten der Gattung auch auf abgeblühten Dolden der Umbelliferen, zum Beispiel auf der Wilden Möhre. Die Käfer fressen dort die halbreifen Samen.

Familie Dytiscidae, Schwimmkäfer

Den größten Teil ihres Lebens verbringen die Arten dieser Familie im Wasser. Wenn das bisher bewohnte Gewässer austrocknet – fliegen sie in neue Lebensräume. Die Mittel- und Hinterbeine der Schwimmkäfer sind zu ruderartigen Schwimmbeinen umgebildet. Um die Atemluft, die sie im Wasser unter ihren Deckflügeln speichern, mit dem Körperhinterende aufzunehmen, kommen sie hin und wieder an die Wasseroberfläche.

■□ □□ **Dytiscus marginalis, Gemeiner Gelbrandkäfer,** 27 – 35 mm. Die Gattung *Dytiscus* ist in Mitteleuropa mit sieben großen, 22 – 44 mm langen Arten vertreten, der Gemeine Gelbrand ist der häufigste und kommt überall vor. Männchen und Weibchen lassen sich leicht voneinander unterscheiden. Die Flügeldecken der Männchen sind glatt, während die der Weibchen in den allermeisten Fällen gefurcht sind. Außerdem tragen die Vorderbeine der Männchen einen großen, einen mittleren und etwa 160 kleine Saugnäpfe, bei den Weibchen fehlen sie.

□■ □□ **Acilius sulcatus, Furchenschwimmer,** 15 – 18 mm. Zwei Furchenschwimmer sind in unserer Fauna vertreten. Sie sehen aus wie kleine Gelbrandkäfer. Diese Käfer leben in Tümpeln und Gräben und sind gewandte Schwimmer. Die Art *A. sulcatus* ist die häufigere der beiden sich sehr gleichenden Arten.

Familie Gyrinidae, Taumelkäfer

Diese Käfer haben ihren Namen nach den taumelnden Tänzen bekommen, die sie auf der Wasseroberfläche vollführen. In Scharen schwimmen sie dort, mal in weiten Bogen und Kreisen, dann wieder in engen wilden Wirbeln. Dem Leben an der Wasseroberfläche sind sie hervorragend angepaßt; der Körper ist glatt, länglich oval und scheibenförmig, Mittel- und Hinterbeine sind zu breiten, kurzen Ruderschaufeln umgebildet. Am ungewöhnlichsten sind die Augen. Jedes Auge ist in eine obere Hälfte zum Sehen über Wasser und eine untere Hälfte zum Sehen unter Wasser geteilt. Taumelkäfer sind sehr scheu; wenn nur ein Schatten aufs Wasser fällt, tauchen sie und halten sich unter Wasser an Wasserpflanzen fest.

□□ ■□ **Gyrinus substriatus,** 5 – 7 mm. Die Gattung *Gyrinus* ist in unserer mitteleuropäischen Fauna mit 11 Arten vertreten, von denen nur *substriatus* überall häufig ist. Die anderen bewohnen teils stehende, teils langsam fließende Gewässer; einige schwimmen gern zwischen Schilf, wenige kommen auch im Brackwasser vor.

Familie Hydrophilidae, Wasserfreunde

Die meisten Arten dieser Familie sind Wassertiere, deren Beine mit langen Schwimmhaaren versehen sind. Sie kommen mit dem Kopf nach oben zur Wasseroberfläche, um Luft zu schöpfen. Dazu bilden die umgestalteten Fühler zusammen mit einer Rinne am Kopf einen Luftkanal zum Luftreservoir hin, der samtartigen Behaarung der Körperunterseite.

□□ □■ **Hydrous piceus, Kolbenwasserkäfer,** 50 mm. Dieser schwarze Käfer gehört zu den größten Käfern unserer Fauna. Früher war er viel häufiger, heute ist er mancherorts schon eine Seltenheit. Die Weibchen der Kolbenwasserkäfer bauen komplizierte Eibehälter, die etwa 2 cm lang und 1 cm hoch sind. Sie gleichen kleinen Schiffchen, in denen in Seidenpatronen die Eier untergebracht sind. An einem Ende des Schiffchens ist ein Mast angesponnen. Dieser „Schornstein" sorgt dafür, daß bei geringen Schwankungen des Wasserspiegels die Luftversorgung der Eier nicht gefährdet ist.

Familie Histeridae, Stutzkäfer

Die etwa 100 mitteleuropäischen Arten dieser Familie leben an verwesenden tierischen und pflanzlichen Stoffen: an Aas, Kot, faulen Pilzen, Baumsaft, unter Baumrinde, in Mulm, Vogel- und Säugetiernestern, in Detritus und als Ameisengäste. Käfer und Larven fressen meist andere Insektenlarven. Die Histeriden sind leicht zu erkennen, weil die Flügeldecken die beiden letzten Hinterleibssegmente nicht bedecken.

■□
□□ **Hister unicolor,** 7 – 10 mm und **Paralister purpurascens** (mit roten Flecken), 4 – 5 mm. In Mitteleuropa findet man 13 Arten der Gattung Hister. Einige Arten sind einfarbig dunkel bis schwarz, andere tragen rote Flecken. Vor allem leben sie in Dung oder an Aas, einige Arten aber auch in Pilzen, an Baumsäften oder sogar räuberisch. Die abgebildeten Arten zählen zu den in ganz Mitteleuropa häufigen Histeriden.

Familie Silphidae, Aaskäfer

Die meisten Aaskäfer sind mit über 10 mm Länge relativ groß. Der Hinterleib ihres vorwiegend flachen Körpers schaut ein wenig unter den Flügeldecken hervor. Die Endglieder der Fühler sind an der Spitze keulenförmig verbreitert. Wenn die meisten Arten auch – wie ihr Name sagt – an Aas leben, also necrophag sind, gibt es unter ihnen auch ausgesprochene Räuber. Die einen machen auf Bäumen und Sträuchern Jagd auf Schmetterlingsraupen, die anderen haben sich auf Schnecken und Würmer spezialisiert. Eine Gattung (*Blitophaga*) frißt sogar an lebenden Pflanzen, vor allem an Rüben; diese Käfer sind gefürchtete Schädlinge.

□■
□□ **Phosphuga atrata,** 10 – 15 mm. Viele Aaskäfer sind oval, flach gewölbt und düster gefärbt. *Phosphuga atrata* fällt durch den langen schnauzenförmigen Kopf besonders auf. Das ist eine Anpassung an ihre Lebensweise. Diese Käfer sind Schneckenfresser; sie vermögen mit dem langen Kopf tief in die Gehäuse einzudringen und den Schneckenkörper herauszufressen. Die Art ist bei uns überall häufig und vor allem unter Rinde und Moos zu finden.

□□
■□ **Necrophorus vespillo, Totengräber,** 12 – 22 mm. In unserer Fauna gibt es zehn *Necrophorus,* „Totengräber". Es sind große, 10 – 30 mm lange Käfer. Einige Arten sind schwarz, die anderen tragen zackige rote Bänder auf den Flügeldecken, die den Hinterleib nicht ganz bedecken. Die Fühler enden in einer 4gliedrigen knopfförmigen Keule. Mit Hilfe von Schrilleisten am 5. Tergit (= Rückenschild) und an den Flügeldecken sind die Käfer in der Lage, zirpende Geräusche hervorzubringen. An kleinen Tierleichen finden sich bald – vom Geruch angelockt – Totengräber ein. Männchen und Weibchen vergraben das Aas gemeinsam, indem sie die Erde unter der Leiche fortgraben, so daß sie immer tiefer einsinkt. Das vergrabene Aas dient den Larven als Nahrung. Das Totengräberweibchen bleibt nach der Eiablage in einem Erdstollen in der unterirdischen Krypta, lockt durch Zirpen die Junglarven zum Aas, füttert sie zuerst und bewacht sie später. Wird die Krypta z. B. durch Viehtritt beschädigt, bessert es sie auch aus. Die Mutter betreibt also regelrechte Brutpflege. Die Art *N. vespillo* ist in der ganzen nördlichen Hemisphäre (in Nordamerika und Eurasien) verbreitet und bei uns der häufigste Totengräber.

□□
□■ **Oeceoptoma thoracica,** 11 – 16 mm. An dem roten Halsschild ist dieser Aaskäfer sofort und unverwechselbar zu erkennen. Er ist in ganz Eurasien, von Westeuropa bis Japan, verbreitet und überall häufig. Man findet ihn nicht nur an Aas und Kot, sondern vornehmlich an den Fruchtkörpern der Stinkmorchel (*Phallus impudicus*), die ja auch für die menschliche Nase intensiv nach Aas und Kot riecht.

Mit fast 2000 aus Mitteleuropa bekannten Arten ist diese Familie die bei uns artenreichste unter den Käfern. Dennoch sind Staphyliniden im allgemeinen leicht kenntlich, denn ihre Deckflügel sind stark reduziert und lassen meist 4 – 5 Tergite des Hinterleibs unbedeckt. Die meist kurzen, 9- bis 11gliedrigen Fühler sind fadenförmig oder perlschnurartig. Kräftige Kiefer weisen schon darauf hin, daß die meisten Arten Räuber sind, auch wenn ihr Aufenthaltsort oft nicht darauf schließen läßt. Viele Arten findet man nämlich nur oder fast nur an Pilzen, andere an Baumsäften, an Dung oder an Aas. Dort leben sie aber nicht von diesen Substraten, sondern von Tieren, die sich davon ernähren oder sich darin entwikkeln. Nur einige wenige Staphyliniden nehmen Pflanzennahrung auf, so fressen Bledien Algen, die Arten der Gattung *Eusphalerum* nagen an Blütenteilen, die meisten Staphyliniden sind aber flugfähige Bodentiere.

■□
□□ **Ontholestes tesselatus,** 14 – 19 mm. Die drei in Mitteleuropa beheimateten *Ontholestes*-Arten, von denen die abgebildete zu den beiden allerorts nicht seltenen Arten zählt, gehören zu den großen Staphyliniden. Diese Käfer sind durch ihre goldgelb und schwärzlich marmorierte Behaarung charakterisiert. *Ontholestes tesselatus,* die größte der einheimischen Arten, findet man bei uns überall an Aas und an frischem Dung.

□■
□□ **Paederus litoralis,** 7,5 – 8,5 mm. Sandige Ufer sind der bevorzugte Lebensraum der *Paederus*-Arten. Wenn die Sonne scheint, laufen sie dort oft in großer Zahl umher. Unsere zehn mitteleuropäischen Arten erkennt man leicht an dem glänzenden Körper, dem roten Halsschild und den kurzen metallisch blauen Flügeldecken. Wenn man sie unterscheiden will, muß man diffizilere Merkmale heranziehen. Mehrere Arten sind bei uns häufig, *P. litoralis,* die auch dazu gehört, trifft man auf Lehmböden an.

□□
■□ **Staphylinus caesareus,** 17 – 22 mm. Viele Kurzflügler sind sehr klein, nur 1 – 1½ mm lang; manch einer, dem ein winziges Insekt ins Auge flog, hat vielleicht auf diese Weise ungewollt die (weniger angenehme) Bekanntschaft mit Staphyliniden gemacht. Dagegen sind die vier einheimischen *Staphylinus*-Arten nicht selten über 2 cm lang und wahre Riesen dieser Familie; an Größe werden sie nur noch von wenigen mitteleuropäischen Staphyliniden übertroffen, wie von dem bis 24 mm langen, in Hornissennestern lebenden *Velleius dilatatus.* Die *Staphylinus*-Arten sind schwarz, ihre Flügeldecken rot gefärbt. Charakteristisch ist auch noch, daß die von den Flügeldecken nicht bedeckten Hinterleibstergite – wenigstens das 4. und 5. – an den Seiten goldgelbe Haarflecken tragen. Die Art *caesareus* ist im südlichen und mittleren Mitteleuropa nicht selten, nach Norden zu tritt sie allerdings nur sporadisch auf oder fehlt gebietsweise ganz. Begegnet man diesem Käfer, dann flieht er nicht sofort, sondern stellt sich mit geöffneten Kiefern zur Wehr.

□□
□■ **Xantholinus longiventris,** 7 – 9 mm. 19 Arten der Gattung *Xantholinus* sind in Mitteleuropa beheimatet. Die genaue Bestimmung der einzelnen Arten ist oft nur durch mikroskopische Untersuchungen einzelner Körperteile, vor allem durch Genitaluntersuchungen möglich. Die Art *longiventris* ist bei uns überall zu finden, während die meisten *Xantholinus* nur aus begrenzten Teilen Mitteleuropas bekannt sind oder als seltene Tiere gelten müssen. Diese Staphyliniden zeichnen sich durch ihren langgestreckten Körper aus, auch ihre Köpfe sind länglich groß. Unsere einheimischen Arten leben vor allem im Kompost, unter faulenden Pflanzenstoffen und in Dünger, oft auch unter Laub und Moos oder im Mulm hohler Bäume.

Familie Lampyridae, Leuchtkäfer

Wenn auch die Leuchtkäfer mit nur drei Arten zu unseren artenärmsten Familien gehören, sind sie wegen ihrer Fähigkeit zu leuchten allgemein bekannt. Beide Geschlechter besitzen Leuchtorgane, und zwar unter dem Hinterleibsende. Männchen und Weibchen sind leicht zu unterscheiden, denn die Männchen können fliegen, während die Weibchen flügellos sind oder zurückgebildete Flügel haben. Larvenförmig sitzen sie im Gras und biegen ihren Hinterleib hoch, um den Männchen mit ihrer „Lampe" zu signalisieren „Hier bin ich!" Damit sie die artspezifischen Leuchtmuster ihrer Weibchen ausmachen können, sind die Augen der Männchen groß und halbkugelig. Nur in der Dämmerung oder in der Dunkelheit sind Leuchtkäfer aktiv. Die Käfer selbst nehmen keine Nahrung mehr auf; ihre Larven sind Schneckenfresser.

■□ □□ **Lamprohiza splendidula,** Männchen 8 – 10, Weibchen 10 mm. In Mitteleuropa ist es die häufigste Art der Familie. Im Juni/Juli schwärmen die Käfer; nur im Norden sind sie selten, nach Süden findet man sie stellenweise sogar recht häufig. Die klaffenden Flügeldecken der Weibchen sind verkürzt; ihr Leuchtapparat ist recht variabel am Hinterleib angebracht und bei toten Tieren nur schwer erkennbar. Bei den Männchen befindet sich der große Leuchtapparat am 5. und 6. Hinterleibssegment.

□■ □□ **Leuchtorgane von Leuchtkäfern.** Wie der Gesang bei Vögeln oder der Geruch bei vielen Säugetieren dazu dient, daß sich die Geschlechter finden, so übernimmt bei Leuchtkäfern das Leuchten diese Funktion. Daß die Weibchen ihre auf der Hinterleibsunterseite sitzenden Leuchtorgane durch Drehung des Leibes nach oben – zu den umherfliegenden Männchen – richten, zeigt eindeutig, daß sie anlockend wirken sollen. Warum allerdings die Männchen, ja sogar Eier, Larven und Puppen auch leuchten, ist bis heute nicht geklärt. Hervorgerufen wird das Leuchten durch chemische Reaktionen, vor allem zwischen einem Leuchtstoff Luciferin und einem Katalysator, Luciferase. Es wird ausgelöst durch Erregungen des Nervensystems. Leuchtkäfer bringen das ideale Licht hervor, bei dem keine Wärme erzeugt wird.

Familie Cantharidae, Weichkäfer

Im Frühsommer findet man auf niederer Vegetation, auf Büschen und Bäumen, oft große Mengen von Weichkäfern. Diese artenreiche Familie ist durch ihr nur schwach chitinisiertes, weiches Außenskelett charakterisiert. Auch die Flügeldecken sind sehr weich. Ihre Beine sind lang und dünn, die Fühler lang und fadenförmig. Die Käfer fressen kleine Insekten und andere winzige Tiere. Ihre länglichen, sehr beweglichen Larven sind ebenfalls Räuber. Meist sind sie samtschwarz, manchmal tragen sie rote oder weiße Flecken. Die Larven verschiedener Arten verbringen den Winter unter Steinen, Laub und Moos. An sonnigen, warmen Tagen erwachen sie mitunter aus ihrem Winterschlaf, verlassen ihre Verstecke und laufen sogar auf dem Schnee umher, darum tragen sie auch den Namen „Schneewürmer".

□□ ■□ **Rhagonycha fulva,** 7 – 10 mm. Die Gattung *Rhagonycha* ist in Mitteleuropa mit 16 Arten vertreten. Einige von ihnen sind bei uns überall häufig. Die Art *fulva* ist jedoch ab Ende Juni die gemeinste Cantharide überhaupt, die vor allem auf Schirmblüten anzutreffen ist.

□□ □■ **Rhagonycha lignosa,** 5 – 7 mm. Auch diese Art ist bei uns überall häufig. Wie ihre Verwandten aus der Gattung *Cantharis,* von denen es in Mitteleuropa 32 Arten gibt, haben die Käfer die Eigentümlichkeit, stundenlang in Paarung zu verharren. Darum findet man sie auch oft in dieser Stellung.

Familie Malachiidae, Zipfelkäfer

Die Malachiiden sind mit den Cantharіden nahe verwandt; früher wurden beide in einer Familie zusammengefaßt. Auch die Malachiiden besitzen ein weiches Außenskelett. Sie sind meist lebhaft gefärbt, aber recht klein. Die Größe der 50 heimischen Arten liegt zwischen 1,5 und 7 mm. Alle Malachiiden besitzen an der Brust und am Hinterleib Hautblasen, die bei leichtem Druck ausgestülpt werden und bei nachlassendem Druck wieder eingezogen werden. Ihre Funktion ist nicht bekannt, man nimmt an, daß sie etwas mit der Verteidigung zu tun haben. Sehr gut kennt man demgegenüber die Bedeutung der Sekretionsorgane, der sogenannten Excitatoren, die mit wenigen Ausnahmen bei den Männchen an verschiedenen Körperteilen ausgebildet sind. Vor der Paarung beißen die Weibchen in diese Organe und nehmen dabei ein stimulierendes Sekret auf, durch das sie paarungswillig werden. Die Larven der Malachiiden leben räuberisch oder halbräuberisch, einige parasitieren bei Bienen und Wespen. Die Käfer sollen gelegentlich auch räuberisch leben, ihre Hauptnahrung besteht jedoch aus Blütenstaub oder auch aus Rostpilzen; darum sieht man sie vor allem auf Blüten, Sträuchern oder Bäumen.

■□ □□ **Malachius aeneus,** 6 – 7 mm. In Mitteleuropa gibt es 16 *Malachius*-Arten. Viele sind in der Färbung sehr variabel. Man findet sie fast ausschließlich an Blüten, vor allem an blühenden Gräsern. Die Larven leben meist räuberisch unter der Rinde, vereinzelt hat man sie auch in Nestern solitärer Wespen gefunden. Die Art ist bei uns überall häufig.

□■ □□ **Malachius bipustulatus,** 5,5 – 6 mm. Diese Art ist der ersten recht ähnlich. Infolge der Farbvariabilität ist es nur möglich, sie am Bau der Fühlerglieder zu unterscheiden. Die Art *bipustulatus* ist in Mitteleuropa sehr häufig.

Familie Cleridae, Buntkäfer

Buntkäfer sind bunt oder metallisch gefärbt und meist stark behaart. Ihre Fühler tragen eine mehrgliedrige Endkeule, oder die Glieder sind gesägt. Cleriden findet man auf Blüten, an Holz, das von Insekten befallen ist – auch gelegentlich als Kulturfolger in Wohnungen –, oder an Aas und Knochen. Käfer und Larven leben räuberisch.

□□ ■□ **Trichodes apiarius, Bienenwolf,** 9 – 16 mm. Dieser Käfer ist der häufigste von vier in Mitteleuropa vorkommenden Arten der Gattung. Man findet ihn im Mai und Juni auf Blüten. Seine Larven leben räuberisch in den Nestern von Wildbienen, aber auch von Honigbienen. Sie werden dort nur ausnahmsweise schädlich.

Familie Lymexylonidae, Werftkäfer

Nur drei Arten dieser Familie sind in Mitteleuropa beheimatet. Sie sind weichhäutig und an ihrem langgestreckten zylindrischen Körper leicht zu erkennen. Die Käfer findet man auf geschlagenem Holz, die Larven leben im Holz. Da ihre Bohrgänge tief in die Baumstämme hineinführen, entwerten sie das Holz.

□□ □■ **Hylocoetus dermestoides,** Männchen 6 – 15, Weibchen 6 – 18 mm. Diese Käfer sind ungewöhnlich größen- und farbvariabel. Gewöhnlich sind die Männchen schwarz, die Weibchen rötlich gelbbraun. Die Käfer treten im Mai und Juni auf. Sie leben nur wenige Tage und nehmen keine Nahrung zu sich. Die Larven leben in krankem, selten auch in gesundem Holz von Buche und anderen Laubbäumen, manchmal auch in Nadelholz. Sie ernähren sich nicht von Holz, sondern von Ambrosiapilzen, die in den Gängen wachsen. Die Larven können an geschlagenem Nutzholz sehr schädlich werden.

Familie Elateridae, Schnellkäfer

Die Arten dieser Familie sind durch ihren Sprungapparat, der von Vorder- und Mittelbrust gebildet wird, charakterisiert. Fallen die Tiere auf den Rücken, dann schnellen sie durch ruckartige Bewegungen, bei denen Kopf und Brustabschnitt gegen den Hinterleib abgeknickt werden und Chitinteile – die „Schnapper" und „Knipser" – ruckartig übereinandergleiten, hoch. Auch wenn man die Käfer am Hinterleib festhält, kann man diese Bewegungen, das „Schnellen", sehen. Der Schnellapparat ist ein technisch sehr kompliziertes Gebilde. Die physikalischen Vorgänge sowie die biologische Bedeutung des Springens sind auch heute noch nicht in allen Einzelheiten bekannt. Offenbar wird der Schnellapparat immer bei Erregung in Tätigkeit gesetzt. Die Körperform der Schnellkäfer ist sehr einheitlich: schlank und langgestreckt. Die Schnellkäferlarven sind unter dem Namen Drahtwürmer bekannt; sie sind rund wie ein Draht, und ihr Außenskelett ist sehr hart. Viele leben im Boden und richten durch Fraß an den Wurzeln von Kulturpflanzen oder auch an Kartoffeln große Schäden an. Meist sind sie aber keine reinen Pflanzenfresser, sondern machen Jagd auf Larven und Puppen anderer Insekten. Die im Baummulm lebenden „Drahtwürmer" sind sogar nahezu ausschließlich Räuber und werden oft zu Kannibalen.

■□ □□ **Pseudathous niger,** 10 – 14,5 mm. Es gibt zahlreiche Arten, die dem abgebildeten Käfer sehr ähnlich sehen und früher alle in der Gattung *Athous* zusammengefaßt waren. Mehrere von ihnen sind bei uns häufig oder sogar sehr häufig. *Pseudathous niger* ist von Westeuropa bis Asien beheimatet und kommt bei uns ab Mitte Mai überall auf Büschen und niedrigen Pflanzen vor. Die Larven leben im Boden und fressen Pflanzenwurzeln, nur gelegentlich können sie einmal als Schädlinge auftreten.

□■ □□ **Adelocera murina,** 12 – 17 mm. Der Große Mausgraue Sand-Schnellkäfer, der in älterer Literatur den Namen *Lacon murinus* trägt, gehört zu den häufigsten Arten der Familie. Vom zeitigen Frühjahr bis in den Sommer hinein findet man ihn auf Pflanzen, am Boden und unter Steinen. Seine graue Farbe hat er von länglichen grauen und gelbbraunen Schuppen, die den schwarzen Körper bedecken. Er ist von Westeuropa bis Sibirien verbreitet und kommt auch in Nordamerika vor. Nach einigen Kennern sollen die Larven im Boden von Pflanzenwurzeln leben und schädlich werden können; andere Spezialisten behaupten, sie lebten vorwiegend räuberisch und machten sich durch Vernichtung von Engerlingen nützlich. Dieser Käfer schnellt nicht gern; bei Störungen stellt er sich tot und stülpt zwei Stinkdrüsen am Hinterleib aus – wir nehmen den Duft allerdings nicht wahr.

□□ ■□ **Athous subfuscus,** 7,8 – 10,5 mm. Diese Art ist bei uns überall häufig oder sogar sehr häufig. Den Käfer findet man vom Frühjahr bis in den Sommer auf Gebüsch, besonders an Waldrändern. Zusammen mit den ähnlich aussehenden Saatschnellkäfern der Gattung *Agriotes* können die Tiere auf Kulturland als arge Schädlinge auftreten. Die Larven – man bezeichnet sie als Drahtwürmer – fressen an Pflanzenwurzeln und gehören zu den gefährlichsten Schädlingen an Kulturpflanzen. Wird man im Garten auf ihre Anwesenheit aufmerksam, zum Beispiel durch Abfressen von Salatwurzeln, dann ist es empfehlenswert, sie zu ködern und zu vernichten. Wenn man einen Haufen Gras oder Klee am Boden liegenläßt, sammeln sich oft nach 3 – 4 Tagen viele solche Larven darunter an.

□□ □■ **Anostirus purpureus,** 8,5 – 14 mm. Der hübsche Käfer kommt von den Pyrenäen bis zum Kaukasus vor und ist bei uns in Mitteleuropa im Bergland weit verbreitet und dort auch meist nicht selten. Die Ebene meidet er dagegen. Von Ende April bis Juli findet man ihn auf Blüten und Büschen. Die Larven leben im Boden in faulem Wurzelholz.

Familie Buprestidae, Prachtkäfer

Den Namen Prachtkäfer verdienen vor allem die großen, bunten, oft glänzenden tropischen Arten dieser Familie. Nur ein paar einheimische Buprestiden sind bunt und leuchtend gefärbt, die meisten dagegen recht klein und unscheinbar. Die Prachtkäfer sind mit den Schnellkäfern verwandt, doch fehlt ihnen der Sprungapparat. Sie sind eine alte, urtümliche Käferfamilie, die heute ihre Hauptverbreitung in wärmeren Ländern hat und in Mitteleuropa recht schwach vertreten ist. Bei den meisten heimischen Arten zeigt sich sowohl in der Verbreitung wie in ihren Umweltansprüchen ein besonderes Wärmebedürfnis. Man findet die Käfer vor allem im Sonnenschein auf den Brutbäumen oder Brutpflanzen, vielfach auch auf Blüten, speziell auf gelben Blüten. Die Larven der Prachtkäfer sind Pflanzenfresser. Die meisten leben in Holz und Pflanzenstengeln, einige erzeugen Minen in den Blättern von Laubgewächsen. Man erkennt die Buprestidenlarven leicht an dem großen Brustabschnitt und dem langen, schmalen Hinterleib. Beine besitzen sie nicht. Nur wenige Buprestiden-Larven entwickeln sich in den verschiedensten Pflanzen; die meisten sind auf wenige verwandte Futterpflanzen spezialisiert oder sogar nur auf eine einzige. Die Entwicklungsdauer beträgt bei unseren kleinen einheimischen Arten meist ein oder zwei Jahre, bei den großen Arten dagegen zwei oder drei Jahre. Die verschiedenen Umwelteinflüsse spielen dabei aber eine wesentliche Rolle. Die Larven verpuppen sich meist erst im Frühjahr. Nach einer Puppenruhe von zwei bis drei Wochen schlüpfen dann die Käfer.

■□ □□ **Anthaxia nitidula, Männchen,** 5 – 7 mm. Die Gattung *Anthaxia* ist in Mitteleuropa mit 25 Arten vertreten. Fast alle sind weniger als 10 mm groß, die meisten einfarbig düster gefärbt. Nur ein paar Anthaxien verdienen wirklich den Namen Prachtkäfer. Sie muß man jedoch schon mit der Lupe anschauen, weil sie so klein sind, daß man mit bloßem Auge ihre glänzende Farbenpracht kaum wahrnimmt. Zu diesen „winzigen Edelsteinen" gehört die abgebildete Art. In Süd- und Mitteldeutschland ist sie noch recht häufig. Von Mai bis August findet man die Käfer in Blüten, diese Art vor allem in wilden Rosen. Die Larven entwickeln sich unter der Rinde von Obstbäumen, Schlehen und Weißdorn.

□■ □□ **Anthaxia nitidula, Weibchen.** Diese Art ist zwar sehr farbvariabel, doch sind bei uns die Männchen meist ganz glänzend smaragdgrün, während bei den Weibchen Kopf und Halsschild – wie bei dem abgebildeten Tier – kupferrot glänzen. Im allgemeinen sind bei dieser Art die Farben im Süden des Verbreitungsgebietes intensiver als im Norden.

□□ ■□ **Agrilus sinuatus,** 4,5 – 10 mm. Auch die Arten der Gattung *Agrilus* sind meist klein, selten größer als 10 mm. Von den Anthaxien unterscheiden sie sich vor allem durch ihre schlankere Gestalt. In Mitteleuropa gibt es etwa 40 *Agrilus*-Arten, deren Larven sich ausschließlich in Laubgewächsen entwickeln. Man findet die Käfer oft gesellig auf den Pflanzen, in denen sich die Larven entwickeln. *Agrilus sinuatus* trägt auch den Namen Birnenprachtkäfer. Man findet ihn von Mai bis Juli vor allem im Südwesten unseres Gebietes. Die Larven leben in Baumrosaceen, auch in Obstbäumen, denen sie schädlich werden können.

□□ □■ **Chrysobothris affinis,** 11 – 15 mm. Von den drei mittelgroßen heimischen *Chrysobothris*-Arten ist nur die abgebildete bei uns allgemein verbreitet und oft noch recht häufig, die beiden anderen treten nur stellenweise und selten auf. *Chrysobothris affinis* findet man von Juni bis August auf geschlagenem Laubholz. Es ist nicht einfach, die Käfer zu fangen, denn bei Sonnenschein sind sie sehr flüchtig: Schon wenn man sich ihnen nähert, fliegen sie auf. Die Larve lebt in verschiedenen Laubhölzern; die Entwicklung dauert zwei Jahre.

Familie Dermestidae, Speckkäfer

Zu dieser Familie gehören viele Arten, die als Haus- und Vorratsschädlinge große wirtschaftliche Bedeutung haben. Als Übeltäter treten vor allem die Larven auf, während die Käfer vielfach Pollen fressen und darum im Freien auf Blüten zu finden sind. Die sehr beweglichen Larven tragen auf ihrem Körper sehr lange Haare von ganz besonderer Form, die leicht abbrechen. Offenbar dienen sie zur Verteidigung, zumal einige auch sehr giftig sind. Die Larven ernähren sich von Stoffen tierischer Herkunft; viele sind in Häusern und Lagerräumen gefürchtete Schädlinge. Mit Handel und Verkehr wurden viele Dermestiden zu Weltbürgern, zahlreiche Arten werden immer wieder importiert.

Dermestes lardarius, Gemeiner Speckkäfer, 7 – 9,5 mm. Dieser Käfer ist bei uns überall häufig und gehört zu den wichtigsten Haus- und Vorratsschädlingen. Die lang behaarten Larven, die am Körperende zwei kurze Dornen tragen, fressen an tierischen Produkten aller Art, so an Fellen, Häuten und Dauerfleischwaren. Die Käfer können aber auch aus dem Freien in Häuser einfliegen, weil Vogelnester und Taubenschläge ebenfalls Brutstätten für diese Art sind.

Attagenus pellio, Pelzkäfer, 3,5 – 6 mm. Diese Art findet man nur selten im Freien, häufig dagegen in Häusern und Lagerräumen. Die Käfer sind an den kleinen hellen Haarflecken auf den Flügeldecken leicht zu erkennen. Im Frühjahr, von Ende März bis zum Mai, findet man sie an Fenstern. Sie versuchen dann, ins Freie zu gelangen. Auf Blüten von Obstbäumen, Schlehen, Weißdorn und anderen Pflanzen fressen sie Pollen. Die befruchteten Weibchen fliegen nach der Begattung wieder in die Häuser hinein und legen Eier. Die gelben Larven tragen am Hinterleibsende ein Büschel langer Haare. Sie fressen an Pelzen, Teppichen, Wollwaren und Textilien und können erhebliche Schäden anrichten.

Anthrenus pimpinelli, 2 – 4,5 mm. Die Gattung *Anthrenus* ist in Mitteleuropa mit 15 Arten vertreten. Diese kleinen, rundlichen Kabinett- oder Museumskäfer sind dicht und oft bunt beschuppt. Man findet sie im Freien auf Blüten, aus denen sie Pollen fressen. Die sehr beweglichen Larven tragen sogenannte Pfeilhaare, das sind Haare, die in einer Pfeilspitze enden und sehr leicht abbrechen. Sie stehen in dichten „Batterien“ zusammen, können nach allen Seiten gerichtet werden und dienen der Abwehr. Die *Anthrenus*-Larven sind Chitin- und Keratinfresser. Vor allem in Naturaliensammlungen treten sie als gefährliche Schädlinge auf und heißen darum auch Museumskäfer. Einige Arten können aber auch in wollhaltigen Textilien, wie Teppichen, großen Schaden anrichten. Die abgebildete Art tritt im Freien vor allem in Vogelnestern auf, wird aber auch in Sammlungen schädlich.

Familie Byrrhidae, Pillenkäfer

Wenn die Byrrhiden ihre „Trutzform“ einnehmen, tragen sie ihren deutschen Namen zu Recht. Viele Arten können ihre Extremitäten, Beine und Fühler, so eng an den ovalen oder rundovalen, stark gewölbten Körper anlegen oder in Furchen einlegen, daß sie einer Pille ähnlich sehen. Die engerlingförmigen Larven der Byrrhiden leben im Boden und fressen an Mooswurzeln.

Byrrhus pilula, 7 – 9 mm. Die Arten der Gattung *Byrrhus* – in Mitteleuropa gibt es 11 – können ihre Beine in tiefe Gruben auf der Körperunterseite einlegen und den Kopf mit allen Mundteilen in den Halsschild einziehen. Damit nehmen sie eine besonders ideale Pillenform an. Die abgebildete Art ist bei uns überall vertreten und meist häufig.

Familie Byturidae, Blütenfresser

Diese Familie ist bei uns nur mit zwei Arten aus einer Gattung vertreten.

■□ □□ **Byturus tomentosus, Himbeerkäfer,** 3,2 – 4 mm. Die kleinen, walzenförmigen Käfer sind braun oder grau gefärbt und dicht seidenartig behaart. Man findet sie fast ausschließlich in den Blüten von Rosengewächsen, aus denen sie Pollen fressen. Die Larven entwickeln sich in den reifenden Früchten von Himbeeren und Brombeeren. Der Himbeerkäfer ist in der ganzen Paläarktis verbreitet und bei uns überall sehr häufig.

Familie Nitidulidae, Glanzkäfer

Diese Käfer sind nur wenige Millimeter groß. Die meisten leben von Blütenstaub, Pilzsporen, Baumsaft und Hefen; wenige Arten an Aas und Knochen.

□■ □□ **Meligethes aeneus, Rapsglanzkäfer,** 1,5 – 2,7 mm. Die Gattung *Meligethes* ist in Mitteleuropa mit 65 Arten vertreten, die sich meist sehr ähnlich sehen und oft nur schwer voneinander zu unterscheiden sind. Wir müssen annehmen, daß einige Arten verschiedene, mehr oder weniger nahe verwandte Pflanzen fressen, andere auf eine Futterpflanze spezialisiert sind. Käfer wie Larven leben in den Blüten und fressen Pollen, nagen aber auch Stempel und Fruchtknoten an. Das Weibchen legt normalerweise ein Ei an eine Blütenknospe. Die Larve bohrt sich ins Innere und entwickelt sich an den Staubblättern. Die Verpuppung erfolgt im Boden unter den Pflanzen. Die Käfer verbringen den Winter in einem Versteck; im Frühjahr suchen sie dann ihre Futterpflanzen auf. *Meligethes aeneus* gehört zu den häufigsten Arten, sie ist überall gemein und tritt oft in ungeheurer Individuenzahl auf. Die Entwicklung erfolgt an verschiedenen Kreuzblütlern, darunter vor allem an Raps. Das Massenauftreten dieses Rapsglanzkäfers kann zu beträchtlichen Schäden führen. Die Käfer fressen nämlich junge Knospen ganz ab, größere nagen sie von der Seite an. Die letzteren ergeben später vielfach mißgebildete Schoten. Wenn der Raps blüht, richten die Käfer keinen Schaden mehr an, dann ernähren sie sich allein von Pollen und Nektar.

Familie Cucujidae, Plattkäfer

Die Cucujiden sind klein bis mittelgroß. Die flache Körperform entspricht der Lebensweise der meisten Arten, die vor allem unter Baumrinde zu finden sind. Verschiedene Plattkäfer entwickeln sich auch in Früchten und anderen Pflanzenstoffen; darunter gibt es einige weltweit verbreitete Vorratsschädlinge, wie den Getreideplattkäfer *Oryzaephilus surinamensis.* Wenige Arten leben auch unter faulenden Pflanzen und bei Ameisen.

□□ ■□ **Silvanus bidentatus,** 2,8 – 3,4 mm. Die beiden einheimischen *Silvanus*-Arten leben unter Baumrinde. Sie sehen sich sehr ähnlich. *Silvanus unidentatus* ist die kleinere, 2,4 – 2,8 mm große, häufigere oder sogar sehr häufige Art unter Laubholzrinde. Die seltenere, bei uns aber überall vorkommende abgebildete Art findet man unter loser Rinde von Laub- und Nadelhölzern.

□□ □■ **Uleiota planata,** 4,5 – 5,5 mm. Die Gattung ist in Mitteleuropa mit nur einer Art vertreten. Charakteristisch sind die körperlangen Fühler. Eine weitere Sonderheit zeigen die Männchen: Ihre Oberkiefer tragen ein sichelförmiges, nach oben gebogenes Horn. Die Käfer und ihre Larven leben räuberisch unter abgestorbener Rinde von Laub-, selten auch von Nadelholz.

Familie Coccinellidae, Marienkäfer

Marienkäfer gehören zu den wenigen Insekten, vor denen Menschen keine Scheu und keinen Ekel haben; Nachbildungen aus Schokolade beweisen das eindeutig. Diese Zuneigung ist sehr berechtigt, denn Marienkäfer sind Gärtnern, Land- und Forstwirten wichtige Helfer im Kampf gegen Pflanzenschädlinge. Käfer und Larven der meisten Arten sind Blattlausfresser, die große Mengen von Pflanzenläusen oder auch Spinnmilben vertilgen. Man hat festgestellt, daß eine Marienkäferlarve während ihrer Entwicklung etwa 3000 Schildläuse frißt. In Mitteleuropa gibt es etwa 85 verschiedene Marienkäfer-Arten; nur drei von ihnen sind Pflanzenfresser. Drei andere leben von Mehltaupilzen, die Erkrankungen an Kulturpflanzen hervorrufen können, alle anderen leben als Räuber. Ungewöhnlich groß ist die Variabilität vieler Arten. So kann unser kleiner Zweipunkt (*Adalia bipunctata*) nicht nur rot-orange gefärbt sein mit zwei schwarzen Flecken auf den Flügeldecken, sondern auch Schwarz als Grundfarbe haben und mehrere rote Flecken tragen. Wenn im Herbst Marienkäfer zum Überwintern in Wohnungen kommen, sollte man sie in ungeheizte Räume (Dachböden, Gartenhäuser oder dergleichen) setzen, nur dort überstehen sie in Kältestarre den Winter und können im Frühjahr Nachkommen hervorbringen. Viele Marienkäfer stellen sich bei Berührung tot und scheiden zwischen Schenkel und Schienen eine übel riechende, orangegelbe Blutflüssigkeit aus.

Coccinella septempunctata, Siebenpunkt, 5,2 – 8 mm. Dieser recht große Marienkäfer ist bei uns überall sehr häufig und zählt sicher zu den wirksamsten Blattlausvertilgern. Im Gegensatz zu vielen anderen seiner Verwandten ist er nicht sehr variabel, die sieben schwarzen Punkte auf den orangeroten bis gelbbraunen Flügeldecken sind in der Größe auch nur unwesentlich verschieden. Aus den vom Weibchen abgelegten Eiern schlüpfen schon nach 5 – 8 Tagen die Larven. Sie sind zuerst schwarz, später werden sie blaugrau und tragen auf dem Rücken und an den Seiten rote und schwarze Warzen. Je nach Witterung und Nahrungsangebot wachsen sie in 1 – 2 Monaten heran, häuten sich viermal und verpuppen sich dann, indem sie sich mit dem Hinterende anspinnen und frei aufhängen. Nach einer Puppenruhe von etwa einer Woche schlüpft die nächste Generation.

Anatis ocellata, 8 – 9 mm. Er ist unser größter Marienkäfer, der – außer an seiner Größe – auch noch an den hellen Höfen um die schwarzen Punkte auf den roten Flügeldecken erkennbar ist. Man findet ihn häufig oder sogar sehr häufig, aber nur in Kieferngebieten, denn er lebt von Koniferenblattläusen, von denen er große Mengen vertilgt.

Hippodamia tredecimpunctata, 4,5 – 7 mm. Dieser Marienkäfer gehört zu einer Gruppe von Arten, deren Flügeldecken länglich sind – nicht so rund wie bei den meisten Angehörigen der Familie. Die Grundfarbe des Käfers ist rot, darauf trägt er mehr oder weniger zahlreiche schwarze Flecken, die ganz selten auch fehlen können. Man findet diese Käfer auf sumpfigen Wiesen. Auf Schilf, Seggen, Igelkolben, aber auch auf Weiden machen sie Jagd auf Blattläuse.

Sospita vigintiguttata, 5 – 6,5 mm. Dieser Marienkäfer gehört nicht zu den häufigen Arten der Familie, sicher aber zu den schönsten der heimischen Fauna. Die Käfer können schwarz-weiß oder schwarz-gelbweiß gefärbt sein. Nach der Puppenruhe im Juni oder Juli schlüpfen nur Tiere mit gelbweißer Färbung, im Winter findet man dann aber nur schwarz-weiße Käfer. Vermutlich färben sich also die Käfer im Laufe ihres Lebens um. Man findet diese Marienkäfer auf Umbelliferenblüten oder auf Erle; sie verlangen aber immer einen feuchten Lebensraum. Den Winter verbringen die Käfer in einem Versteck, man kann sie dann vor allem aus trockenem Laub sieben.

Familie Bostrychidae, Bohrkäfer

Bei uns in Mitteleuropa gibt es nur wenige Gattungen und Arten von Bohrkäfern, fremde Arten werden aber gelegentlich mit Holz importiert. Diese Käfer bohren mit Hilfe von Chitinleisten und „Zähnen“ – vor allem am Halsschild und am Flügeldeckenabsturz – im Holz. Da die Tiere sehr langlebig sind, nutzen sich die „Bohrwerkzeuge“ mit der Zeit ab, der Körper der Käfer verändert sich also. Die Larven leben in Laubholz.

Bostrychus capucinus, Kapuzinerkäfer, 6 – 15 mm. Die Flügeldecken dieses bei uns häufigsten Bohrkäfers sind orangerot bis ziegelrot, selten auch schwarz. Der Kopf wird – wie bei allen Mitgliedern dieser Familie – kapuzenartig vom Halsschild überdeckt. Der Kapuzinerkäfer tritt in Holzlagern nur selten als Schädling auf. Seine Larve entwickelt sich vor allem in Wurzelstöcken dicker Eichen und Obstbäume und in vertrockneten Weinstöcken.

Familie Anobiidae, Pochkäfer

Zu dieser Familie gehören bei uns nur kleine, wenige Millimeter große braune Käfer, die ihren Kopf meist unter dem Halsschild verbergen. Ihren Namen erhielten sie nach der Gewohnheit mehrerer Arten, mit Kopf und Brustabschnitt auf die Unterlage zu klopfen. Die dadurch verursachten, mitunter auch für das menschliche Ohr hörbaren Pochgeräusche dienen wohl der Anlockung eines Partners. Die meisten Arten leben in totem Holz, Hartpilzen und Zapfen. Einige Arten zählen zu den gefürchtetsten Schädlingen.

Stegobium paniceum, Brotkäfer, 2 – 4 mm. Der Brotkäfer ist einer der ärgsten Haushaltungs- und Speicherschädlinge. Wenn er auch eine gewisse Vorliebe für Brot bzw. Backwaren hat, so brütet er doch auch in allen pflanzlichen und tierischen Produkten. Selbst in schärfsten Gewürzen und giftigsten Drogen entwickelt er sich, zum Beispiel in Tollkirschenwurzeln.

Anobium punctatum, Gemeiner Holzwurm, 2,5 – 5 mm. Im Freien ist diese Art an trockenem Nadel- und Laubholz seltener als in verarbeitetem Holz. Er ist ein schlimmer Schädling an Bauholz, Möbeln und alten, wertvollen Holzskulpturen in Kirchen und Museen, die von den Larven völlig zerfressen werden können. Aus den 2 mm weiten kreisförmigen Ausfluglöchern wird oft Bohrmehl ausgeworfen. Die Käfer verlassen zur Paarung das Holz nur für kurze Zeit.

Familie Ptinidae, Diebskäfer

Ähnlich wie die Pochkäfer sind auch die Diebskäfer nur klein, 1,5 – 5 mm groß und tragen wie sie ihren Kopf meist unter dem Halsschild verborgen. Sie leben jedoch nicht in Holz, sondern entwickeln sich in Getreide- und anderen Abfällen sowie in trockenem Pflanzenmaterial. Zur Verpuppung bohren sich die ausgewachsenen Larven gern in härtere Gegenstände ein, in morsches Holz, Kork usw. Eine ganze Reihe von Arten lebt als Kulturfolger in Häusern.

Ptinus fur, Kräuterdieb, 2,6 – 4,3 mm. Von den 24 in Mitteleuropa nachgewiesenen *Ptinus*-Arten ist die abgebildete die weitaus häufigste. Männchen und Weibchen unterscheiden sich beträchtlich; das Männchen ist länglich, schlank mit einfarbigen Flügeldecken, das Weibchen rundlich-oval, seine Flügeldecken tragen helle Flecken und Binden. Der Kräuterdieb lebt im Freien in alten Bäumen und Vogelnestern, häufig aber in Wohnungen. Es gibt nur wenige tierische und pflanzliche Stoffe, die er nicht befällt, sein gelegentliches Auftreten in den Kräutern der Apotheken hat ihm seinen Namen eingetragen.

Familie Oedemeridae, Scheinbockkäfer

Aus Mitteleuropa kennen wir knapp 20 Arten aus dieser Familie. Einige von ihnen sind gar nicht selten und auch keineswegs klein, aber man hält sie vielfach für Weichkäfer oder Bockkäfer. Ihre längliche schmale Gestalt und die langen Fühler erinnern tatsächlich sehr an Bockkäfer; faßt man sie aber an, merkt man an den weichen Flügeldecken und dem weichen Körper, daß es keine Böcke sind und hält sie dann für Weichkäfer, zu denen sie aber auch nicht gehören. Die Käfer findet man meist beim Pollenfressen auf Blüten; einige sind Nachttiere. Die Larven leben in morschem Holz oder in trockenen Stengeln krautiger Pflanzen.

■□ □□ **Oedemera femorata,** 8 – 10 mm. Die Gattung *Oedemera* ist mit 13 einheimischen Arten die weitaus größte der Familie. Ein typisches Merkmal der Käfer ist es, daß sich die Flügeldecken von den Schultern an nach hinten stark verengen, am Ende meist sehr schmal sind und in der Mitte an der Naht klaffen. Die Geschlechter unterscheiden sich dadurch, daß die Hinterschenkel der Männchen meist keulenartig stark verdickt sind – die Beine der Weibchen sind dünn und schlank. Die Art *femorata* ist bei uns weit verbreitet und vor allem nach Süden hin stellenweise häufig.

Familie Lycidae, Rotdeckenkäfer

Diese Familie ist in Mitteleuropa nur mit acht Arten vertreten. Wenn die abgebildeten Käfer auch den Feuerkäfern gleichen, sind sie mit diesen nicht verwandt, sondern stehen den Leucht- und Weichkäfern nahe. Lyciden findet man auf Blüten und Gebüsch, ihre Larven leben unter lockerer Rinde und in morschen Baumstümpfen, wo sie andere Insekten und deren Larven jagen.

□■ □□ **Lygistopterus sanguineus,** 7 – 12 mm. Dieser Käfer ist der einzige aus seiner Familie, dessen Kopf rüsselartig verlängert ist. In Mitteleuropa kommt er überall vor und ist meist häufig. In faulendem Holz kann man mitunter große Mengen von Larven finden, im Frühjahr auch die frisch geschlüpften Käfer.

□□ ■□ **Platycis minutus,** 5 – 10 mm. Die Gattung *Platycis* unterscheidet sich von den anderen Gattungen der Familie durch den Bau des Halsschildes. Wenn diese Käfer beunruhigt werden, ziehen sie Fühler und Beine an und stellen sich tot. Die Art *minutus* kommt bei uns überall vor, besonders im Süden.

Familie Pyrochroidae, Feuerkäfer

Wenn es in Mitteleuropa auch nur drei Feuerkäfer-Arten gibt, sind sie doch so auffällig, daß jeder Naturfreund sie kennt. Alle drei Arten sind mittelgroß, zwischen 8 und 18 mm lang und haben rote Flügeldecken, die ihnen den Namen Feuerkäfer eingetragen haben. Die Käfer findet man auf blühenden Büschen am Waldrand oder an gefällten Baumstämmen und dürren Ästen. Die flachen Larven leben unter der Rinde trockener Laubbäume. Dort machen sie Jagd auf andere Insekten und deren Larven und können darum als Vertilger von Schadinsekten sehr nützlich sein. Wenn sie unter der Rinde keine Beute finden, werden sie zu Kannibalen und fressen sich gegenseitig.

□□ □■ **Pyrochroa coccinea,** 14 – 18 mm. Dieser Käfer ist der größte seiner Familie. Trotz der samtartigen Behaarung der Oberseite leuchten die Flügeldecken lebhaft feuerrot. Bei uns ist die Art überall weit verbreitet und häufig. Den Käfer sieht man im Juni meist an Waldrändern auf Blüten. Entfernt man an trockenen Baumstämmen die Rinde, dann findet man darunter oft die großen, weiß-gelblichen, flachen Larven.

Familie Meloidae, Ölkäfer

Obwohl die Familie mit etwa 40 Arten in Mitteleuropa vertreten ist und die Käfer meist groß sind (20 – 40 mm), kennen auch Naturfreunde sie kaum. Man findet sie vor allem auf sonnigen Grastriften, denn sie sind sehr wärmeliebend. Die Käfer sind Pflanzen-, Pollen- oder Nektarfresser; die Larven leben parasitisch bei Erdbienen oder in den Eikokons von Heuschrecken.

■□ □□ **Meloë proscarabaeus, Gemeiner Ölkäfer,** 11 – 35 mm. Bei uns kommen 14 *Meloë*-Arten vor, ihr langer Hinterleib ragt vor allem bei den Weibchen weit unter den Flügeldecken hervor. Bei Käfern einzigartig ist die hochkomplizierte Entwicklung dieser Tiere. Das Weibchen legt mehrere Tausend Eier, aus denen Larven schlüpfen, die den Instinkt haben, an Pflanzen hochzuklettern. Nur die Larven, die dabei in eine Blüte geraten, haben Aussicht, sich weiterentwickeln zu können. Fliegt eine Erdbiene auf die Blüte, springt die Käferlarve sie an, klammert sich fest und läßt sich ins Bienennest eintragen. Dort frißt sie Ei und Nektarvorrat auf und entwickelt sich wieder zu einem Ölkäfer. Die Art *proscarabaeus* ist die häufigste Art der Gattung; im Frühling sieht man sie nicht selten auf Wiesen und Feldwegen herumkriechen.

Familie Rhipiphoridae, Fächerkäfer

Bei uns gibt es nur fünf Arten von Fächerkäfern, alle sind sehr selten. Ähnlich wie die Larven von Ölkäfern sind auch die Fächerkäferlarven Parasiten; man kann sie bei Hautflüglern, Käfern und Schaben finden.

□■ □□ **Metoecus paradoxus, Wespenkäfer,** 8 – 12 mm. Der Wespenkäfer ist der bei uns häufigste Fächerkäfer, doch findet man auch ihn nur sehr selten. Wahrscheinlich lebt er nur kurze Zeit. Trägt man aber Wespennester ein, kann man diese Käfer oft in großer Zahl daraus züchten. Die Larven fressen nämlich je eine Wespenlarve und verpuppen sich in der leeren Zelle.

Familie Lagriidae, Wollkäfer

Die in den Tropen artenreiche Familie ist bei uns mit nur drei Arten vertreten. Ihren Namen tragen die Käfer nach der starken Körperbehaarung.

□□ ■□ **Lagria hirta,** 7 – 10 mm. Dies ist der einzige häufige Vertreter der Familie bei uns. Vom Frühling bis zum Spätsommer findet man ihn überall auf Kräutern und Büschen. Er frißt an den Pflanzen und ist sehr anspruchslos.

Familie Tenebrionidae, Schwarzkäfer

Schwarzkäfer gibt es in den verschiedensten Formen. In wärmeren Ländern leben ungewöhnlich viele Arten, in Mitteleuropa nur etwa 80. Die meisten leben in faulen oder morschen Pflanzenteilen, aber man findet sie auch in Nestern von Vögeln und Säugetieren, in Ställen oder Kellern; mehrere Arten sind sogar Vorratsschädlinge und als solche weltweit verschleppt und verbreitet worden.

□□ □■ **Tenebrio molitor, Mehlkäfer,** 12 – 18 mm. In den Sommermonaten tauchen nicht selten Mehlkäfer in Wohnungen auf. Sie können abends in offene Fenster eingeflogen sein, denn im Mulm alter Bäume entwickeln sich ihre Larven auch im Freien. Die Brutstätten können aber auch im Haus selbst liegen. Die etwa drei Monate lebenden Weibchen legen ihre Eier in Mehl oder Mehlprodukte ab, in denen die Larven sich entwickeln. Als „Mehlwürmer“ werden sie auch als Futter für kleine Haustiere gezüchtet.

Familie Lucanidae, Hirschkäfer

In unserer heimischen Fauna gibt es nur sieben Hirschkäferarten. Wegen ihrer Größe und Auffälligkeit sind sie allgemein bekannt. Das gilt ganz besonders für den Horn- oder Feuerschröter, wie der große Hirschkäfer *Lucanus cervus* auch genannt wird.

■□ □□ **Lucanus cervus, Hirschkäfer,** 25 – 75 mm. Männchen und Weibchen sehen sehr verschieden aus. Nur die Männchen besitzen die großen geweihartigen Oberkiefer. Sie dienen nicht zur Nahrungsaufnahme; auch als Waffen sind sie wenig geeignet, wenn die Männchen hin und wieder auch Kämpfe miteinander ausführen. Die Käfer lecken mit ihrer Pinselzunge ausfließenden Baumsaft. Die Kiefer der Weibchen sind zwar kräftig, aber viel kleiner als die der Männchen. Die Körpergröße der Hirschkäfer schwankt ganz enorm; kleine Männchen besitzen kleine, säbelförmige Zangen, große Männchen überdimensionale große „Geweihe". Diese Unterschiede sind von der Ernährung der Larven abhängig. Mindestens fünf Jahre leben die Larven in den Wurzelstöcken und alten Stümpfen von Eichen, seltener auch in denen anderer Laubbäume. Infolge der immer mehr zunehmenden „Waldpflege", bei der die Wurzelstöcke entfernt werden, ist der Bestand an Hirschkäfern überall stark zurückgegangen. Nur selten kann man diesen größten Käfer der heimischen Fauna in frühen Sommerabendstunden noch fliegen sehen. In vielen Ländern – auch bei uns – steht er unter Naturschutz.

□■ □□ **Dorcus parallelopipedus, Balkenschröter,** 19 – 32 mm. Der Zwerghirschkäfer oder Balkenschröter sieht kleinen Exemplaren weiblicher Hirschkäfer recht ähnlich. Die Männchen tragen keine „Geweihe". Ihre Köpfe sind größer und breiter als die der Weibchen, die Oberkiefer nur wenig länger. Bei uns findet man die Käfer in Wäldern, sie sind noch nicht selten, gelegentlich treten sie sogar häufig auf. Die Larve lebt in faulendem, morschem Holz von Laubbäumen, aus dem man die Käfer herausholen kann.

□□ ■□ **Platycerus caraboides, Rehschröter,** 9 – 13 mm. In Mitteleuropa gibt es zwei schwer unterscheidbare Rehschröter, die farblich sehr variabel sind, meist metallisch grün, grünblau, blau, selten schwarz. Die abgebildete Art lebt mehr in der Ebene und in niedrigen Berglagen, die verwandte Art mehr im höheren Gebirge. Die Oberkiefer sind kräftig, ein Geschlechtsunterschied tritt darin kaum auf.

Familie Scarabaeidae, Blatthornkäfer

Zu dieser Familie zählen viele bekannte einheimische Käfer wie Maikäfer, Mistkäfer, Rosenkäfer, Pinselkäfer, Nashornkäfer. Ihnen allen gemeinsam ist, daß ihre Fühler in einer Keule enden, die aus 3 – 7 Gliedern besteht, die blattartig verbreitert sind.

□□ □■ **Oryctes nasicornis, Nashornkäfer,** 20 – 40 mm. Dieser Käfer trägt seinen deutschen Namen nach dem Horn auf dem Kopf. Beim Weibchen ist es sehr klein oder fast ganz verkümmert, beim Männchen dagegen stark ausgebildet. Seine ursprüngliche Heimat liegt in den wärmeren Ländern um das Mittelmeer; dort leben die Larven in mulmigem Holz. Bei uns fanden die Larven früher in den warmen Lohehaufen der Gerbereien ausreichende Entwicklungsmöglichkeiten. Mit der zunehmenden Technisierung im Gerbereigewerbe und dem Zusatz von Chemikalien ging der Nashornkäferbestand immer mehr zurück. Aber die Art stellte sich auf andere Lebensstätten um. Heute dienen Dung- und Komposthaufen, Mistbeete, Sägemehlhaufen, faulendes Stroh u. a. als Brutstätten, in denen gelegentlich 1000 und mehr Larven beisammen zu finden sind. Die Käfer fliegen im Juni/Juli in der Dämmerung, gelegentlich kommen sie ans Licht.

Familie Scarabaeidae, Blatthornkäfer

Es ist noch gar nicht so lange her, da waren „Engerlinge“ bei Gärtnern und Landwirten sehr gefürchtet. Heute ist das kaum noch der Fall; denn in den letzten Jahrzehnten hat man den Engerlingen und den sich daraus entwickelnden Käfern derart nachgestellt und sie mit allen zur Verfügung stehenden Mitteln bekämpft, daß man den Eindruck hat, sie seien in großen Gebieten ausgestorben. Engerlinge heißen die Larven der Blatthornkäfer, vor allem die der Maikäfer. Die allgemein bekannten dicken, plumpen, weißlichen Engerlinge, bei denen höchstens am Hinterende dunkel der Darm durchschimmert, sind bodenbewohnende Pflanzenfresser, die mit ihren großen, kräftigen Kiefern Pflanzen- bzw. Wurzelteile abbeißen.

■□ □□ **Melolontha melolontha, Feldmaikäfer,** 20 – 30 mm. Es gibt bei uns drei Maikäferarten, von denen eine allerdings sehr selten ist. Sie unterscheiden sich nicht in der Färbung von Halsschild oder anderen Teilen des Skelettes, nach denen Kinder „Müller“ und „Schornsteinfeger“ trennen (solche Variationen kommen bei allen drei Arten vor), sondern in der Form des letzten Hinterleibssegmentes, dem sogenannten Pygidium, das bei der seltenen Reliktart *Melolontha pectoralis* sehr kurz ist. Der Waldmaikäfer, *Melolontha hippocastani,* dessen Pygidiumende knotenartig verdickt ist, lebt mehr in Heide- und Waldgebieten und ist stellenweise häufig; der allgemein bekannte und noch häufigere ist aber der Feldmaikäfer, dessen Pygidium in einem einfachen, schmalen, lanzettartigen Fortsatz endet. 3 – 4 Jahre fressen die Engerlinge im Boden Pflanzenwurzeln und können bei starkem Auftreten schwere Schäden im Ackerbau verursachen. Zur Überwinterung graben sich die Engerlinge frostsicher bis zu 80 cm tief in den Boden, zur Verpuppung sogar bis 1½ m tief. Die im Herbst schlüpfenden Käfer bleiben bis zum nächsten Frühjahr im Boden, erst dann kommen sie an die Oberfläche. Sie leben im Mai nur wenige Wochen und ernähren sich von Blättern; in besonderen Flugjahren vermögen sie ganze Wälder kahlzufressen, wodurch es zu mangelndem Holzzuwachs oder sogar zum Absterben der Bäume kommen kann. Männchen und Weibchen unterscheiden sich durch die Länge der Fühlerfächer (bei den Männchen sind sie doppelt so lang wie bei den Weibchen).

□■ □□ **Amphimallon solstitialis,** 14 – 18 mm. Eine ganze Anzahl von Scarabaeiden trägt den Namen „Junikäfer“ oder „Julikäfer“, darunter auch diese bei uns überall vorkommende Art, die im Juni oder Juli in der Dämmerung fliegt. *Amphimallon* sieht wie ein kleiner Maikäfer aus; auch seine Biologie ist ähnlich. Die Engerlinge lieben lockeren Boden. Die Entwicklungsdauer beträgt nur zwei Jahre.

□□ ■□ **Phylloperta horticola, Gartenkäfer, Gartenlaubkäfer,** 8,5 – 11 mm. Diese Art, auch vielfach Junikäfer genannt, ist heute bei uns wohl der häufigste Maikäferverwandte. Man findet ihn in ganz Eurasien. Im Juni erscheint er auf Rosen und anderen Büschen, wo er Blätter anfrißt, ganz besonders aber Blütenblätter und die Fruchtknoten. Die Engerlinge leben an den Wurzeln von Gräsern, Getreide und Klee, werden aber nicht zu ernsthaften Schädlingen, weil sie als relativ kleine Tiere nicht viel fressen.

□□ □■ **Trichius fasciatus, Pinselkäfer,** 9 – 12 mm. Die abgebildete Art ist in gebirgigen Gegenden und in deren Vorland meist nicht selten. Zwei andere, sehr ähnlich aussehende Verwandte kommen in der Norddeutschen Tiefebene bzw. im Süden und Südwesten nur stellenweise und selten vor. Ihren deutschen Namen tragen die Tiere nach der langen zottigen Behaarung von Kopf, Halsschild und Körperunterseite. Die Flügeldecken sind sehr schön gelb und schwarz gezeichnet. Die Käfer findet man im Juni/Juli auf Blüten, wo sie Pollen fressen. Die Larven leben in moderndem Holz von Laubbäumen.

Außer den lamellenartigen Fühlergliedern ist den Blatthornkäfern noch ein weiteres Merkmal gemeinsam: die kräftigen Beine, deren Vorderschienen am Außenrand gezahnt sind. Maikäfer arbeiten sich mit ihrer Hilfe aus der Erde heraus und die Weibchen zur Eiablage auch wieder hinein. Noch wichtiger – und dementsprechend auch stärker entwickelt – sind die Grabbeine bei einer anderen Gruppe dieser Familie: den Dung- und Mistkäfern. Viele von ihnen graben tiefe Stollen in die Erde und bringen Dung in die Kammern am Ende der Gänge. Dort legen sie ihre Eier ab; die ausschlüpfenden Larven ernähren sich von dem eingetragenen Dungvorrat. Bei einer weiteren Gruppe der Familie, deren Larven sich in Baummulm bzw. verrottendem Holz finden, sind die Grabbeine nicht so stark ausgebildet, z. B. bei den Rosenkäfern.

■□ □□ **Geotrupes stercorosus, Mistkäfer, Roßkäfer,** 12 – 19 mm. Die sieben einheimischen Arten der Gattung sind außerordentlich nützliche Tiere, denn sie beseitigen sehr schnell die Exkremente der Wirbeltiere und fördern damit die Humusbildung. An einem Haufen Pferdedung finden sich bald Mistkäfer ein. Sie graben darunter ihre 30 – 60 cm tiefen Brutgänge mit Seitenstollen, in die der Kot als Nahrung für die Larven eingebracht wird. So sorgen sie dafür, daß die Haufen in wenigen Tagen verschwunden sind. Die abgebildete Art ist bei uns ein überall häufiger Waldbewohner, der im Frühjahr sein Brutgeschäft erledigt und Menschenkot bevorzugt. Außer dem Brutbau legt er auch Vorratsröhren an, die 7 – 8 cm tief in die Erde gegraben werden und in die außer Kot auch mit Kot verunreinigte Stoffe (Holzstückchen, Rindenteile und dgl.) eingetragen werden.

□■ □□ **Cetonia aurata, Rosenkäfer, Goldkäfer,** 14 – 20 mm. Dieser Käfer gehört zu den farbenprächtigsten Vertretern der heimischen Käferfauna. Er ist bei uns noch nicht selten. Von Mai bis in den Sommer hinein kann man ihn auf Blüten – vor allem auf Rosen, Holunder und Spierstaude – sehen. Er frißt dort Pollen. Ungewöhnlich ist seine Art zu fliegen. Er stellt dabei die Deckflügel nicht schräg hoch, sondern hält sie geschlossen. Das häutige Flügelpaar wird seitlich unter ihnen vorgeschoben. So gleichen die Käfer in der Sonne fliegenden Edelsteinen. Ihre Larven leben im Mulm alter Bäume, z. B. von Eichen, Buchen, Pappeln und Weiden.

□□ ■□ **Onthophagus vacca,** 7 – 13 mm. In Mitteleuropa gibt es 20 *Onthophagus*-Arten, die sogenannten Kotfresser. Wie die größeren Mistkäfer finden sie sich an Kot ein, fressen davon und vergraben Dungportionen in der Erde als Nahrung für die sich entwickelnden Larven. Je nach Größe der Art sind die artcharakteristischen Brutbauten 4 – 20 cm tief. Sie bestehen aus einem Hauptstollen und mehreren Nebenstollen mit je einer Brutkammer. Die Arbeiten werden vor allem von den Weibchen ausgeführt, die Männchen leisten „Handlangerdienste", indem sie die beim Graben anfallende Erde fortschaffen oder Dung in die Brutbauten einbringen. Die abgebildete Art ist aus Süd- und Mitteleuropa, aus Nordafrika und dem Gebiet des Kaspischen Meeres bekannt. Bei uns kommt sie nur stellenweise und gar nicht häufig vor.

□□ □■ **Aphodius fimetarius,** 5 – 8 mm. Dungkäfer der Gattung *Aphodius* sind meist klein. Viele der 86 in Mitteleuropa vorkommenden Arten leben an Rinderkot und treten oft in sehr großer Individuenzahl auf. Einige haben sich auf jeweils bestimmte Wildlosung spezialisiert, sie findet man meist nur selten. Die Dungkäfer legen ihre Eier direkt in den Kot. Die abgebildete Art gehört zu den häufigsten Aphodien bei uns; sie bewohnt die ganze paläarktische Region.

Familie Cerambycidae, Bockkäfer

Bockkäfer tragen ihren deutschen Namen nach ihren langen Fühlern. Bei den Männchen sind sie besonders lang, vielfach überragen sie die Körperlänge, wie bei dem einheimischen Zimmermannsbock, *Acanthocinus aedilis,* bei dessen Männchen die Fühler die fünffache Körperlänge erreichen, bei den Weibchen nur die doppelte. Bei wenigen Arten sind sie relativ kurz. Unter den weit über 100 einheimischen Arten gibt es viele große und schön gefärbte Käfer. Darum werden Bockkäfer von besonders vielen Liebhaberentomologen gesammelt. Das wiederum ist der Grund dafür, daß die Lebensweise dieser Käfer meist gut bekannt ist.

■□ □□ **Prionus coriarius, Sägebock,** 18 – 45 mm. Seinen deutschen Namen hat dieser Käfer nach den einer Säge ähnlichen gezackten Fühlern bekommen. Besonders stark ist das bei den Männchen ausgeprägt. Vor allem im Juli und August schwärmen die Sägeböcke abends bei Dunkelheit. Sie kommen dann gelegentlich an künstliche Lichtquellen. Tagsüber halten sie sich unter lockerer Rinde oder dgl. verborgen. Die Larven leben in verrottenden Baumstümpfen und Wurzelstöcken. Laubbäume werden offenbar bevorzugt, gelegentlich dienen aber auch Nadelbäume als Brutstätten. Wie viele Bockkäfer bringt auch der Sägebock zirpende Geräusche hervor. Dazu reibt er die Flügeldeckenränder an einer Leiste der Hinterschenkel.

□■ □□ **Rhagium inquisitor, Kiefern-Zangenbock,** 10 – 21 mm. Vier Arten der Gattung *Rhagium* sind bei uns heimisch, und alle sind noch recht häufig. Die Käfer findet man von April bis August entweder auf Blüten, wo sie Pollen fressen oder auf geschlagenem Holz bzw. an frischen Baumstubben. Die Larven einer Art, von *Rhagium bifasciatum,* bohren in morschem Holz; alle anderen nagen Gänge zwischen Rinde und Holz, wo auch die Puppenwiege angelegt wird. Die abgebildete Art ist bei uns dort häufig, wo es Nadelholz gibt, denn ihre Larven leben unter der Rinde von Nadelholz. Zur Verpuppung stellen sie sich aus Nagespänen ein richtiges Nest her. Der Käfer schlüpft darin schon ab September, verbringt den Winter aber noch im Starrezustand in der Puppenwiege und kommt erst im April daraus hervor.

□□ ■□ **Acmaeops collaris,** 7 – 9 mm. Von den vier *Acmaeops*-Arten unserer Fauna ist nur die abgebildete nicht selten, die anderen bekommt man kaum zu Gesicht. *A. collaris* ist besonders schön gefärbt. Die Käfer findet man von April bis Juli als Pollenfresser auf verschiedenen Blüten. Die Larven leben in abgestorbenem Holz, vor allem von Eichen, möglicherweise auch von anderen Laubbäumen.

□□ □■ **Tetropium castaneum, Fichtensplintbock,** 9 – 18 mm. Mit Recht wird dieses Insekt von Forstleuten sehr gefürchtet, allerdings weniger die Käfer als ihre Larven. Sie nagen in stehenden Nadelbäumen ihre Gänge zwischen Rinde und Holz und zerstören dort die Leitungsbahnen. Bei starkem Befall wird so der Saftfluß unterbrochen, und die Bäume sterben ab. Vor allem kranke und schwache Nadelbäume sind bevorzugte Brutstätten, darum sind die Tetropien gefürchtete Sekundärschädlinge nach Windbrüchen, Borkenkäferbefall usw. Zur Verpuppung nagen die Larven einen hakenförmigen Gang ins Holz und entwerten damit die äußere Holzschicht. Ihre Feinde sind die Spechte, die die Larven aus den Gängen heraushacken. Durch sie wird man oft erst auf den Befall aufmerksam. Den Käfer findet man von Mai bis Juni an Nadelholz. *Tetropium fuscum,* ein Verwandter vom Fichtensplintbock mit gleicher Lebensweise, ist erheblich seltener, eine dritte, ebenfalls meist nicht häufige Art, *Tetropium gabrieli,* ist auf Lärchen spezialisiert. Alle drei Arten sind recht farbvariabel, die Flügeldekken und Beine können in verschiedenen Kombinationen schwarz, braun, rot bis rotbraun sein.

Familie Cerambycidae, Bockkäfer

Bei Bockkäfern ist es verhältnismäßig leicht, Männchen und Weibchen auseinanderzuhalten. Hat man beide, dann erkennt man die Männchen an den längeren Fühlern. Die Weibchen sind außerdem im allgemeinen plumper, weniger schlank. Oft ist gerade das besonders deutlich. Auch haben die Weibchen eine Legeröhre, die in vielen Fällen aus dem Hinterleibsende dornförmig vorschaut. Bei Arten, die ihre Eier in Rindenspalten unterbringen, ist sie normalerweise teleskopartig ineinandergeschoben; bei Gebrauch kann sie sehr lang ausgestreckt werden. In manchen Fällen besteht aber auch in der Färbung ein bedeutender Geschlechtsunterschied, das gilt vor allem für Arten aus den Gattungen *Leptura* und *Strangalia.* Die schlanken Männchen vieler dieser Arten haben braune Flügeldecken, während die plumperen Weibchen rote oder rot-schwarze Flügeldecken besitzen.

■□ □□ **Leptura rubra, Rothalsbock,** Männchen, 10 – 19 mm. Die Hauptflugzeit dieser Käfer sind die Monate Juli und August. Dann findet man sie in Gebieten mit Nadelholzbestand überall und nicht selten auf Blüten, vor allem auf Doldengewächsen. Die Larven leben in Stubben, alten Stämmen und Wurzeln von Nadelbäumen. Sie tragen damit zur schnellen Zersetzung der Stubben bei, was für die Forstwirtschaft wertvoll ist. Sie können allerdings auch die unteren Teile von Zaunpfählen (früher auch von hölzernen Telegraphenstangen) befallen. Ihre Entwicklung dauert zwei Jahre.

□■ □□ **Leptura rubra, Rothalsbock,** Weibchen, 10 – 19 mm. Das Weibchen des Rothalsbockes sieht ganz anders aus als sein Männchen. Nicht nur die Färbung ist verschieden (siehe oben), es ist auch breiter und plumper gebaut, die Fühler sind nicht so stark gesägt, und auch der Aufenthaltsort ist meist nicht der gleiche: Die Weibchen findet man nur selten auf Blüten, sie laufen mehr auf geschlagenem Holz und auf den Nadelholzstubben umher, wo sie Eier legen.

□□ ■□ **Molorchus minor,** 6 – 16 mm. Es gibt bei uns vier *Molorchus*-Arten, die durch die stark verkürzten Flügeldecken ganz charakteristisch sind. Bei diesen zarten, schmalen Käfern schauen die häutigen Flügel weit unter den kurzen Decken hervor. Die Schenkel sind nach außen hin keulenförmig verdickt. Männchen und Weibchen unterscheiden sich durch die Länge der Fühler; bei den Weibchen sind sie so lang wie der Körper oder wenig länger, beim Männchen erheblich länger. Die abgebildete Art ist bei uns überall verbreitet und häufig. Man findet die Käfer von Mai bis Juli auf Blüten, die Larven leben in der Rinde und im Splintholz von Nadelbäumen, Fichte und Kiefer werden bevorzugt. Nicht selten schlüpfen die Käfer auch aus eingelagertem Brennholz.

□□ □■ **Clytus arietis,** 7 – 14 mm. Dieser Käfer ist wie viele Bockkäferarten schwarz gefärbt mit gelber Bindenzeichnung. Nach dieser Zeichnung nennt man sie „Wespenböcke". Diese Wespennachahmung wird vielfach zur Stützung der sogenannten Mimikry-Hypothese herangezogen. Die harmlosen Bockkäfer sollen durch ihre Ähnlichkeit mit den wehrhaften Hautflüglern einen größeren Schutz vor Räubern genießen. Die Färbung der Wespen wäre danach eine „Warnfärbung", die der Bockkäfer eine „Schutzfärbung". Ob die Wespenböcke wirklich einen gewissen Schutz genießen, ist recht zweifelhaft, denn gegenüber anderen Bockkäfern sind sie meist gar nicht häufig. Und das sollte man doch von Arten erwarten, die nicht dauernder Dezimierung durch Insektenfresser ausgesetzt sind. Außerdem werden Wespen trotz ihres Stachels von Vögeln gefressen. Die abgebildete Art findet sich von Mai bis Juli auf geschlagenem Holz, vor allem auf Buchenästen, gelegentlich auch auf Blüten. Sie ist überall noch recht häufig. Die Larven leben in verschiedenen Laubhölzern.

Familie Cerambycidae, Bockkäfer

Bei der Suche nach Bockkäfern achte man vor allem auf Blüten, denn viele Arten fressen Pollen und sind darum Blütenbesucher. Vom zeitigen Frühjahr bis zum Sommer kann man auf Weißdorn, Eberesche, Margerite, Schafgarbe, auf allen Doldengewächsen und manchen anderen Blüten Bockkäfer beobachten. Doch bei weitem nicht alle Arten sind dort zu finden. Viele bleiben an ihren Brutpflanzen oder -bäumen. Lohnend ist es darum, frisch geschlagenes Holz bzw. die Stubben abzusuchen. Auf Nadelholz sind die einen, auf Laubholz die anderen Arten spezialisiert. Beim Abketschern der niedrigen Vegetation gelangen nicht selten Bockkäfer ins Netz. Kennt man die Biologie einer Art, dann ist es ergiebiger, die Brutpflanze zu suchen und sie genau in Augenschein zu nehmen. Nur wenige Bockkäfer fliegen künstliche Lichtquellen an. Die Ernährungsweise der Käfer ist recht verschieden. Abgesehen von einigen Arten, die während ihres kurzen Lebens offenbar gar keine Nahrung aufnehmen, gibt es hinsichtlich der Ernährung vier Gruppen. Die erste, z. B. die großen *Cerambyx*-Arten, lebt wohl ausschließlich von Baumsäften. Die zweite frißt Rinde und Holz, die dritte Blätter, die vierte schließlich Blütenpollen. Vielfach ist solcher Fraß zur Erlangung der Geschlechtsreife nötig.

■□ □□ **Judolia cerambyciformis,** 7 – 11 mm. Dieser Bockkäfer gehört bei uns zu den häufigsten Arten der ganzen Familie. Vor allem im Bergland tritt er nicht selten in Mengen auf. Ab Juni findet man ihn auf Blüten, vor allem der Spiräen und Doldengewächse und auf Brombeeren. Bis in den August hinein kann man ihn beobachten. Trotz seiner Häufigkeit ist seine Biologie bis heute unbekannt. Man weiß nicht, wie die Larve dieses Käfers aussieht und wo sie sich entwickelt. Gewisse Anhaltspunkte deuten darauf hin, daß die Entwicklung in Laubholz vor sich geht.

□■ □□ **Strangalia melanura, Weibchen,** 6 – 9 mm. Dieses kleine Blütenböckchen ist einer der häufigsten Bockkäfer überhaupt. Die Abbildung zeigt das Weibchen, dessen Flügeldecken außen rot, an der inneren Flügeldeckennaht schwarz sind. Die Flügeldecken des etwas schlankeren Männchens sind einfarbig braun. Von Mitte Mai bis September findet man diese Art auf Blüten, vor allem auf Doldengewächsen, Korbblütlern, Spiräen. Die Larve lebt in morschem Holz von Eichen, Ahorn und anderen Laub- und Nadelhölzern. Die Biologie ist im einzelnen noch unerforscht, zur Entwicklung ist aber wohl ein ziemlich hoher Grad von Vermorschung sowie ziemlich viel Feuchtigkeit nötig.

□□ ■□ **Strangalia maculata,** 14 – 20 mm. Auch diese große Art zählt zu den sehr häufigen Bockkäfern. Von Mai bis August findet man sie auf Blüten, speziell auf Doldengewächsen. Die Schwarzfleckung auf den gelben Flügeldecken ist sehr variabel. Die Männchen kann man an den Schienen der Hinterbeine erkennen: sie tragen zwei größere Zähne auf der Innenseite, die den Weibchen fehlen. Die Larven leben im feuchten faulen Holz verschiedener Laubbäume und Sträucher, seltener auch in Nadelholz. Offenbar sind sie besonders feuchtigkeitsbedürftig, darum findet man sie vor allem in den erdnahen Teilen der Pflanzen oder auch im faulenden Wurzelholz.

□□ □■ **Strangalia aethiops,** 10,5 – 15 mm. Dieser ganz schwarze Bockkäfer ist bei uns überall vertreten, aber seltener als die beiden anderen Arten der Gattung. Von Mai bis Juli kann man die Käfer auf Blüten finden. Die Biologie auch dieser Art ist noch unzureichend bekannt. Als Fraßpflanzen der Larven werden Ulmen, Eichen, sowie auch Nadelholz angegeben. Es kann möglich sein, daß örtlich andere Futterpflanzen bevorzugt werden. Weitere Untersuchungen darüber sind erforderlich.

Familie Cerambycidae, Bockkäfer

Die Larven aller Bockkäfer sind phytophag, das heißt, sie fressen pflanzliches Material. Sie ernähren sich zumeist von Rinde oder Holz, einige auch von Stengeln und Wurzeln krautiger Pflanzen, wenige von Graswurzeln. Die meisten Arten entwickeln sich in Laubhölzern, weit weniger in Nadelhölzern, einige auch in beiden. Die Beschaffenheit der Nährpflanze spielt eine weitere ausschlaggebende Rolle. Verschiedene Arten befallen lebende Bäume, die Mehrheit jedoch abgestorbenes, oft sogar erst faulendes und moderndes Holz.

■□
□□ **Monochamus galloprovincialis,** 12 – 25 mm. Bei den 4 einheimischen *Monochamus*-Arten sind die Fühler der Weibchen länger als der Körper, bei den Männchen mehr als doppelt so lang. Die abgebildete Art findet man an Kiefern. Die Käfer benagen die Rinde junger Zweige, die Larven entwickeln sich im Holz.

□■
□□ **Lamia textor, Weberbock,** 15 – 30 mm. Der Weberbock ist in Mitteleuropa überall nachgewiesen worden. Träge kriecht er unter Weiden- oder Pappelgebüsch am Boden herum oder über die Äste bzw. die Blätter dieser Büsche; meist wird er erst abends aktiv. Örtlich kann man ihn schon Ende März antreffen, vor allem aber von Mai bis Juli, selten noch im August. Die Larve, die zu ihrer Entwicklung mindestens zwei Jahre benötigt, lebt in Weiden und Pappeln. Bevorzugt werden die dicken Wurzeln jüngerer Bäume und Sträucher, doch werden auch die oberirdischen unteren Stammteile befallen.

□□
■□ **Acanthocinus aedilis, Zimmermannsbock,** 12 – 20 mm. In Mitteleuropa kommen fünf Arten der Gattung *Acanthocinus* vor. Alle außer der abgebildeten sind selten und nur an einigen Plätzen nachgewiesen. Der Zimmermannsbock ist auch der größte aus seiner Verwandtschaft. Man findet ihn meist überall, wo Kiefern wachsen. Es ist aber nötig, genau hinzuschauen, weil er durch seine Körperfarbe ausgezeichnet getarnt ist. Auch die langen Fühler fallen in der Regel kaum auf, weil sie oft längs in die tiefen Spalten der Rinde gelegt werden. Schon früh im Frühjahr, ab März, erscheinen die Käfer. Bei den Männchen sind die Fühler drei- bis fünfmal so lang wie der Körper – die größten Exemplare haben auch die relativ längsten Fühler. Bei den Weibchen erreichen die Fühler nur die doppelte Körperlänge, sie sind außerdem von den Männchen durch die immer ausgestreckte Legeröhre leicht zu unterscheiden. Zwischen den Männchen kommt es gelegentlich zu Revierkämpfen. Stirn gegen Stirn – die langen Fühler weit abgespreizt – stehen sie sich gegenüber und versuchen wie Ziegenböcke, sich fortzuschieben. Die Weibchen legen ihre Eier meist in die dicke Rinde von Kiefernstubben; seltener werden auch Fichte, Tanne und Lärche belegt. Die Larven fressen nur in der Rinde, in der im August oder September auch die Verpuppung erfolgt. Im Herbst schlüpfen die Käfer schon; sie können bereits an sonnigen, warmen Herbsttagen an den Stubben erscheinen, überwintern aber meist in der Puppenwiege.

□□
□■ **Oberea oculata,** 15 – 21 mm. Von den fünf Arten der Gattung *Oberea* ist die abgebildete die weitaus häufigste. Von Juni bis September kann man die Käfer an Weiden finden. Die Larven leben in den grünen Trieben; bei starkem Auftreten kann es zu Schäden an den Ruten kommen. Die Weibchen sorgen in bestimmter Weise für ihre Nachkommen: Vor der Eiablage nagen sie Querfurchen in die Rinde und darüber das Eiloch. Die Rinde wird dadurch schlaff, und außerdem bildet sich durch die Beschädigung ein Wuchergewebe, das die Voraussetzung für die weitere Entwicklung der Larven bietet. Die Larven bohren sich dann in den Markkanal, den sie in einer Länge von 30 – 40 cm ausfressen. Die Entwicklung dauert ein oder zwei Jahre.

Zu den Bockkäfern gehört auch einer der gefürchtetsten Schädlinge unter den Käfern überhaupt, der Hausbock. Er befällt verbautes Nadelholz und belegt dieses immer wieder mit Eiern. Jahrelang nagen die Larven im Splintholz, lassen aber an der Oberfläche eine dünne Holzschicht stehen, so daß der Befall zunächst nicht bemerkt wird. Durch den Hausbock kann die Gefahr von Dachstuhleinstürzen heraufbeschworen werden. Andere Bockkäferarten entwerten Nadel- und Laubholz dadurch, daß sich ihre Larven im gesunden Holz entwickeln. Wohl ebenso große Schäden richten die Splintböcke (siehe Seite 50) an, weil sie Bäume zum Absterben bringen. Weitere Arten können Jungbäumen gefährlich werden. Die weitaus meisten Bockkäfer sind aber harmlos, viele machen sich sogar gerade durch die Förderung der Holzzersetzung nützlich.

■□
□□ **Saperda carcharias, Großer Pappelbock,** 20 – 30 mm. Von den sieben einheimischen *Saperda*-Arten ist dieser Pappelbock der weitaus größte. Von Juni bis September kann man bei uns überall und meist nicht selten die Käfer auf Pappeln finden. Dort fressen sie Löcher in die Blätter. Im Spätsommer legen die Weibchen ihre Eier einzeln an der Basis junger Pappeln ab. Die Larven nagen einen 15 – 25 cm langen Gang aufwärts. Befallene Bäume können geschädigt werden, abknicken oder sogar absterben. Die Entwicklung dauert zwei oder drei Jahre.

□■
□□ **Saperda populnea, Espenbock, Kleiner Pappelbock,** 9 – 15 mm. Der Espenbock ist die häufigste Art der Gattung. Die Käfer findet man überall von Mai bis Juli an den Brutpflanzen, vor allem an Zitterpappel, gelegentlich auch an anderen Pappeln, selten an Salweide. Nach dem Reifungsfraß an den Blättern nagt das Weibchen kopfabwärts in ein Ästchen der Wirtspflanze eine hufeisenförmige Furche und darin weitere Querfurchen sowie ein Eiloch, in das das Ei geschoben wird. Das auf Grund dieser Verletzung wuchernde Pflanzengewebe dient der ausschlüpfenden Larve zunächst als Nahrung; später frißt sie das Mark in den Zweigen. Von außen ist jede Eiablagestelle später als aufgetriebene Gallbildung zu erkennen. Die Entwicklung dauert zwei Jahre.

□□
■□ **Agapanthia villosoviridescens,** 10 – 22 mm. Von acht mitteleuropäischen *Agapanthia*-Arten ist nur die abgebildete überall vertreten und oft häufig; alle anderen findet man mehr im Südosten oder im Mittelmeerraum. Die abgebildeten Käfer leben von Juni bis September auf den Brutpflanzen, vor allem auf Disteln oder anderen krautigen Pflanzen. Die Larven entwickeln sich in den Markröhren trockener Stengel. Ihr eigenartiger, von dem anderer Bockkäferlarven abweichender Körperbau ermöglicht es ihnen, rasch darin auf und ab zu laufen.

□□
□■ **Hylotrupes bajulus, Hausbock,** 7 – 21 mm. Dieser Bockkäfer ist einer der gefürchtetsten Schädlinge unter den Insekten, weil seine Larve altes, verbautes Holz völlig zerfrißt. Der Käfer ist bei uns im Freien sehr selten, häufig findet man ihn aber in Häusern. Von Mai bis September kann man ihn vor allem an den Fenstern von Dachböden finden. Nach der Paarung legt das Weibchen im Durchschnitt 100, maximal sogar bis fast 300 Eier ab. Mit dem langen teleskopartig ausstreckbaren Legerohr untersucht es Risse und Spalten im Nadelholz der Dachstühle. Tief in diese hinein werden die Eier gelegt. Die Larven fressen dann im Holz unter der Oberfläche, die als dünne Schicht stets erhalten bleibt. Wie lange sie fressen, das richtet sich nach dem Alter des Holzes, denn der Energie- und Wachstumsbedarf an Nahrung muß von den Eiweißspuren im Holz gedeckt werden. Ehe eine Larve ausgewachsen ist, können 4, 10, 15 oder noch mehr Jahre vergehen. Wenn ein Weibchen „nur“ 100 Eier legt und die daraus schlüpfenden Larven „nur“ 10 Jahre lang fressen (sie werden immerhin 3 cm lang und 8 mm dick), wird die Tragfähigkeit des Gebälks erheblich herabgesetzt.

Familie Chrysomelidae, Blattkäfer

Die Blattkäfer gehören zu den artenreichsten Käferfamilien. In Mitteleuropa leben mehr als 500 Arten. Die meisten sind rundlich-oval, gewölbt, es gibt aber auch längliche und ganz flache Formen. Die Käfer und ihre Larven sind weitgehend Pflanzenfresser. Die Mehrzahl ist bunt und glänzend, sie führen oft eine sehr interessante oder ungewöhnliche Lebensweise.

■□ □□ **Donacia simplex, Schilfkäfer,** 7 – 8 mm. Die Gattung *Donacia* ist in Mitteleuropa mit 23 Arten vertreten, aber nur wenige von ihnen sind regelmäßig anzutreffen. Die Käfer findet man auf Pflanzen, die im Wasser stehen oder die auf dem Wasser schwimmen. Ungewöhnlich ist die Lebensweise der Larven. Nachdem die Käferweibchen ihre Eier unter Wasser an die Futterpflanze abgelegt haben, bleiben die Larven während der gesamten Entwicklung im Wasser. Sie fressen pflanzliches Gewebe, zur Atmung benötigen sie aber atmosphärische Luft. Um diese zu erreichen, bohren sie mit zwei Häkchen am Hinterleibsende Luftgefäße der Pflanze an und entnehmen daraus die nötige Luft. Wenn sich die Larve verpuppt, spinnt sie unter Wasser einen mit Luft gefüllten Kokon, der an ein Luftgefäß der Pflanze angeschlossen wird. Die meist im Herbst schlüpfenden Käfer überwintern im Kokon; daraus kommen sie erst im Frühjahr hervor. Die abgebildete Art lebt als Käfer von April bis Juli an Schwaden, Seggen, Igelkolben und Rohrkolben.

□■ □□ **Lilioceris merdigera, Lilienhähnchen,** 6 – 7 mm. Dieser zinnoberrote Käfer tritt von April bis September an Maiglöckchen, Salomonssiegel, Lilien und Zwiebeln auf. Gelegentlich werden Käfer und Larven in Zwiebelkulturen schädlich, sie fressen Blätter und Blüten. Gegen Feinde und starke Besonnung wissen sie sich hervorragend zu schützen: Ihre Afteröffnung ist von der Körperunterseite nach oben verlagert und zeigt nach vorn; der ausgeschiedene Kot wird auf den Körper gedrückt und bleibt dort haften. So ist unter dem Kothäufchen von der Larve nichts zu sehen. Die Käfer heißen „Hähnchen" weil sie bei Beunruhigung einen zirpenden Ton hervorbringen. Dazu reiben sie Chitinleisten auf dem Rükken des letzten Hinterleibssegmentes an solchen auf der Unterseite der Flügeldecken. Die abgebildete Art, die man meist im Walde findet – man muß während der Blütezeit der Maiglöckchen nach angefressenen Blüten schauen –, hat eine nahe Verwandte, *Lilioceris lilii.* Bei dieser Art sind die Beine schwarz, man findet sie nicht selten in Gärten an Lilien.

□□ ■□ **Clytra quadripunctata,** 7 – 11 mm. Auch dieser Blattkäfer zeigt wieder Ungewöhnliches. Von Mai bis August findet man ihn auf Birke, Weißdorn, Weide und Eiche. Nur die Käfer fressen deren Blätter. Die Larven leben bei Ameisen. Das Weibchen umgibt jedes Ei mit einem Kotmantel und legt es in Ameisennester ab. Die ausschlüpfenden Larven bleiben mit dem Hinterende in dem Kotmantel und erweitern ihn mit zunehmendem Wachstum zu dem Larvensack aus Kot. Darin sind sie vor den Ameisen geschützt. Sie ernähren sich weitgehend von toten Tieren, die von den Ameisen ins Nest getragen werden. Die Entwicklung dauert 2 – 4 Jahre. Im Winter verschließen die Larven ihr „Kothaus".

□□ □■ **Lema melanopus, Getreidehähnchen,** 4 – 4,5 mm. Dieser Käfer ist bei uns sehr häufig. Von April bis Juni frißt er an verschiedenen Gräsern. Die Larven leben an den gleichen Pflanzen, auch sie bedecken sich mit Kot. Bei starkem Auftreten kann es zu Schäden im Getreidebau kommen. Die im Herbst schlüpfenden Käfer überwintern in Verstecken, aus denen sie im Frühjahr wieder hervorkommen. Eine weitere Art der Gattung lebt an Getreide, während die restlichen vier einheimischen *Lema*-Arten andere Nahrungspflanzen haben.

Die pflanzenfressenden Blattkäfer und ihre Larven findet man am ehesten auf den Blättern ihrer Futterpflanzen, einige auch auf Blüten. Viele Arten haben einen ganz speziellen Geschmack, das heißt, sie fressen nicht jede Pflanze, sondern nur bestimmte. Selten ist es allerdings, daß ein Blattkäfer nur eine Pflanzenart „mag", meist ist es eine Gruppe bestimmter Arten, auf die er sich spezialisiert hat. Diese Spezialisierung bringt es mit sich, daß nutzpflanzenfressende Blattkäfer zu ernsthaften Schädlingen werden.

■□ □□ **Melasoma populi, Pappelblattkäfer,** 10 – 12 mm. Von Mai bis August findet man diesen Käfer häufig auf Pappeln und Weiden, deren Blätter ihm und seiner Larve als Nahrung dienen. Bei Gefahr scheiden die Larven ein übelriechendes Sekret ab, das seinen Ursprung in der Salizylsäure der Futterpflanzen hat. Dieser „Wehrsaft" schützt die Larven vor manchen Feinden. Die Verpuppung erfolgt nicht in einem Versteck, sondern frei am Blatt.

□■ □□ **Leptinotarsa decemlineata, Kartoffelkäfer,** 10 mm. Diese Art stammt aus Nordamerika; sie wurde 1824 in Colorado entdeckt und trägt daher auch den Namen Coloradokäfer. Käfer und Larven lebten auf einem wilden Nachtschattengewächs und waren keineswegs häufig. 1850 kam dann die Kartoffel in die Heimat des Käfers. Nun ereignete sich etwas Unvorhergesehenes: Der Kartoffelkäfer verließ seine ursprüngliche Nährpflanze und ging auf die Kartoffel über. Durch Monokulturen standen Käfern und Larven überreiche Nahrung zur Verfügung. Außerdem steigerte sich die Vermehrungsrate um ein Vielfaches. Die Populationsdichte erhöhte sich, und das löste einen Wandertrieb aus, der verheerende Folgen haben sollte. Nicht nur die Kartoffel, sondern auch alle anderen Nachtschattengewächse dienen Käfern und Larven als Nahrung. Nicht selten kann es zu Kahlfraß und damit zu schweren Ernteausfällen kommen. Seit 1877 wurden aus den USA immer wieder Käfer nach Europa, auch nach Deutschland eingeschleppt. Sie befielen auch hier die Kartoffelfelder. Es gelang lange Zeit, die Befallsherde wieder zu beseitigen. Erst 1922 faßte der Kartoffelkäfer bei Bordeaux endgültig festen Boden in Europa. Seit 1936 kam es zu ständigen Einflügen nach Mitteleuropa, und nach den Wirren des letzten Weltkrieges hatte er 1948 ganz Deutschland verseucht. Von April bis September kann man die Käfer und ihre roten, schwarz gefleckten Larven oft in Massen an Kartoffelstauden finden.

□□ ■□ **Cryptocephalus sericeus,** 7 – 8 mm. In Mitteleuropa sind 72 *Cryptocephalus*-Arten beheimatet; sie sind metallisch, schwarz oder gelb gefärbt. Die einen tragen auf den Flügeldecken Flecken, die anderen sind einfarbig. Häufig findet man die Käfer in Blüten. Die Larven sitzen in einem schützenden Larvensack. Die abgebildete Art findet man von Mai bis Juli auf Wiesen, an Wegrändern und bewaldeten Hängen vor allem auf gelbblühenden Kompositen.

□□ □■ **Cassida viridis, Grüner Schildkäfer,** 8,5 – 10 mm. Die Schildkäfer zeichnen sich durch ihren flachen Körper aus. Flügeldecken und Halsschild bilden zusammen einen schildkrötenähnlichen Panzer, unter dem alle Körperteile verschwinden. Nur wenn der Käfer läuft, streckt er Beine und Fühler darunter hervor. Die grünen Larven sind mit harten, verästelten Borsten besetzt. Ihr gegabeltes Körperende schlagen sie nach vorn über den Körper; da darauf Kotteile und leere Larvenhüllen gespießt werden, trägt die Larve diese Maske gleichsam wie einen Sonnenschirm über sich. Der Grüne Schildkäfer gehört unter den 28 Arten der Gattung zu den häufigen Arten. Er bewohnt die ganze paläarktische Region. Bei uns findet man ihn vor allem auf Salbei, Minze, Ziest und Korbblütlern.

Familie Scolytidae, Borkenkäfer

Borkenkäfer sind kleine, nur wenige Millimeter lange, schwarze oder braune Käfer, die meist in Holz leben. Man kann zwei Gruppen unterscheiden: Die eine nagt sich ins Holz ein, das sind die sogenannten Holzbrüter; die zahlreichere andere Gruppe nagt ihre Gänge unter der Rinde, das sind die Rindenbrüter. Die Holzbrüter, die durch ihren Fraß das Holz entwerten, betreiben eine richtige Brutpflege. Der Mutterkäfer bleibt bei den Larven und füttert sie. Als Nahrung dienen Pilze, die in den von der Mutter angelegten Gängen wachsen. Bei den Rindenbrütern besteht keine solche Brutpflege, aber eine Brutfürsorge. Nachdem im Frühjahr die Käfer ihre Winterquartiere verlassen haben, schwärmen sie, das heißt, sie suchen geeignete Bäume, an denen sie brüten können. Die meisten Borkenkäfer sind an bestimmte Bäume gebunden, die einen ganz auf Laubbäume, die anderen auf Nadelbäume spezialisiert. Nach der Paarung nagen die Weibchen unter der Rinde die sogenannten Muttergänge. In bestimmten Abständen werden darin Kammern in den Wänden angelegt und mit je einem Ei beschickt. Die ausschlüpfenden Larven fressen darin meist senkrecht vom Muttergang fort ihre Larvengänge, die mit dem Wachstum der Tiere zunehmend breiter werden, sich aber meist nicht kreuzen. Am Ende der Gänge erfolgt schließlich die Verpuppung. Der geschlüpfte Käfer frißt sich dann durch die Rinde ins Freie.
Während die Käfer oft nur schwer zu bestimmen sind, erkennt man an den Fraßbildern oft leicht die jeweilige Art. Bei den monogamen Borkenkäfern zeigt das Fraßbild nur einen Muttergang, von dem die Larvengänge ausgehen. Es gibt aber auch polygame Borkenkäfer, bei denen ein Männchen mit zwei oder auch mehreren Weibchen zusammenlebt. Bei diesen Arten nagt das Männchen eine sogenannte „Rammelkammer", in der die Begattung stattfindet. Von dieser Kammer aus nagen die Weibchen ihre Muttergänge in verschiedene Richtungen und legen die Eier in Wandkammern. Die Fraßbilder dieser Arten sind meist recht kompliziert. Die Borkenkäfer gehören zu den gefährlichsten Waldschädlingen. Normalerweise greifen sie gesunde Bäume nicht an, weil sie beim Nagen in deren austretendem Saft ersticken. Gefahr droht geschwächten Bäumen, vor allem nach Wind- und Schneebrüchen oder nach Raupenfraß. Borkenkäfer unterbinden durch ihren Fraß den Saftfluß und bringen bei starkem Befall als Sekundärschädlinge kranke Bäume vollends zum Absterben.

Ips sexdentatus, Großer Kiefernborkenkäfer, 6 – 7,2 mm. Die Art brütet bei uns in der Rinde von Kiefern, seltener auch von Fichte. Meist werden nur gefällte Stämme befallen, darum ist die wirtschaftliche Bedeutung der Art gering. Die Flugzeit des Käfers fällt in den April, eine 2. Generation kommt im August. Die Käfer überwintern unter der Rinde.

Pityogenes chalcographus, Kupferstecher, 2 – 2,3 mm. Dieser Käfer befällt Fichten, selten andere Nadelhölzer. Er brütet in der Rinde oben am Stamm. Im Jahr treten zwei Generationen auf, die eine fliegt im April, die zweite im Juli und August. Hier sieht man einen Muttergang mit dem Weibchen, das seine Eier links und rechts in Einischen untergebracht hat.

Fraßbild mit Larven vom Kupferstecher. Die Art ist polygam. Die Rammelkammer liegt in der Rinde und ist deshalb hier nicht sichtbar; von ihr gehen 3 – 6 sternförmige Gänge aus. Die Larvengänge sind dicht beisammen, oft sehr zahlreich. Manchmal sind sie nur oberflächlich am Splint sichtbar. Nur als Begleiter des Buchdruckers ist die Art schädlich.

Larve. Die Larven der Borkenkäfer sehen denen der Rüsselkäfer sehr ähnlich. Sie besitzen keine Beine und sind madenförmig. Außer dem braunen, stärker chitinisierten Kopf ist der ganze Körper weißlich und trägt viele Wülste.

Diese Familie gehört zu den artenreichsten unserer mitteleuropäischen Fauna. Ihren Namen tragen diese Käfer nach einem besonders markanten Merkmal: Ihr Kopf ist rüsselartig verlängert. Einige Arten besitzen einen kurzen, breiten Rüssel, andere einen extrem langen, dünnen; beim Weibchen des Haselnußbohrers ist der Rüssel mehr als körperlang. Die Mundwerkzeuge sitzen an der äußersten Spitze, die Kaumuskulatur durchzieht die ganze Rüssellänge. Der Körper der Curculioniden ist meist beschuppt. Oft sind die Schuppen bunt gefärbt; das erleichtert vielfach die Bestimmung der Art. Wie bei Schmetterlingen sind die Schuppen bei alten Tieren meist stark abgerieben. Der Chitinpanzer der Rüsselkäfer ist ganz besonders hart. Die Größe unserer einheimischen Arten schwankt zwischen 1 und 20 mm. Die großen Arten sind zumeist ungeflügelt, oft sind dann die Flügeldecken in der Mitte zusammengewachsen und bilden für den Hinterleib der Tiere einen besonders guten Schutz.

Liparus glabrirostris, 17 – 21 mm. Dies ist der größte Rüsselkäfer unserer heimischen Fauna. In Mitteleuropa findet man ihn vor allem im Mittel- und Hochgebirge auf niedriger Vegetation. Seine Larven, wie auch die der anderen *Liparus*-Arten, entwickeln sich in den Wurzeln von Umbelliferen.

Polydrosus sericeus, Glanzrüßler, 6 – 8 mm. In Mitteleuropa gibt es etwa zwei Dutzend *Polydrosus*-Arten und ebensoviele, sehr ähnlich aussehende meist allerdings etwas größere *Phyllobius.* Die Käfer sind schwarz, aber dicht und lebhaft metallisch beschuppt. Die Arten leben auf Laubbäumen und Sträuchern. Die Weibchen legen ihre Eier direkt im Boden ab, die ausschlüpfenden Larven fressen an den Wurzeln ihrer Nährpflanzen. Die Käfer treten gewöhnlich in großen Mengen auf und nagen an Knospen, Blättern und Blüten. Die abgebildete Art ist von Mai bis Juni auf Laubholz sehr gemein und kann durch Knospen- und Blattfraß an jungen Pflanzen schädlich werden.

Otiorrhynchus niger, Schwarzer Dickmaulrüßler, 6,5 – 12 mm. Die Gattung *Otiorrhynchus* ist sehr artenreich. Alle Vertreter zeichnen sich durch einen kurzen Rüssel aus. Die Tiere sind flügellos. Die abgebildete Art ist vor allem in Gebirgsgegenden sehr häufig. Die Käfer findet man vorwiegend auf Fichte; sie benagen dort Triebe und Rinde. Im Frühjahr legen die Weibchen ihre Eier im Boden ab. Die Larven fressen an Wurzeln und können in Pflanzschulen schädlich werden.

Deporaus betulae, Birkenblattroller, 2,5 – 4 mm. Eine ganze Reihe von Rüsselkäfern sorgt in besonderer Weise für ihre Nachkommen. Diese Brutpflege geht beim Birkenblattroller besonders weit. Wenn man den kleinen unauffälligen Käfer an Birken auch kaum entdeckt, fallen doch seine Brutbauten überall auf. Von Birkenblättern ist oft nur die Basis erhalten, die übrige Blattspreite hängt dagegen in Form eines welken, zusammengewickelten Trichters daran herab. Diese Wickel sind vom Weibchen des Birkenblattrollers gefertigt. Wenn es Eier legen will, sticht es zunächst die Rippen eines Birkenblattes an, damit es welkt und zur Verarbeitung geeignet wird. An der Basis schneidet das Käferweibchen dann vom Rande aus das Blatt in S-förmigen Kurven zur Mittelrippe hin ein. Dann werden die Blatteile trichterförmig eingewickelt. Dabei legt das Weibchen in der Oberhaut des Blattes 2 – 5 Eitaschen an, in die je ein Ei gelegt wird. Die Wickel werden durch Rüsselstiche zusammengenäht. Zur Herstellung eines Wikkels benötigt der Käfer etwa eine Stunde. Die ausschlüpfenden Larven fressen von dem welken Blatt; sie verpuppen sich im Boden.

Familie Curculionidae, Rüsselkäfer

Die Larven der Rüsselkäfer haben eine recht einheitliche Gestalt: Sie sind völlig fußlos, madenartig; ihre Körperoberfläche ist stark runzelig, faltig. Beine haben diese Tiere auch gar nicht nötig, denn sie leben meist in Pflanzenteilen und sind dort von ihrer Nahrung umgeben. Vielfach sind Rüsselkäfer Nahrungsspezialisten. In der Familie gibt es viele Schädlinge. Die Frucht- und Beerenstecher befallen vor allem Pflaumen, Himbeeren, Brombeeren, Erdbeeren und Rosen. Die Weibchen legen ihre Eier in junge Früchte und nagen dann die Fruchtstiele an. Noch vor der Reife fallen darum die Früchte ab. Gefährlich ist der Apfelblütenstecher. Die Eier werden in Apfelblütenknospen gelegt, in denen die Larven fressen. Die befallenen Blüten öffnen sich gar nicht mehr, sondern sehen wie erfroren aus. Der Große Braune Rüsselkäfer ist einer der schlimmsten Forstschädlinge. Während die harmlose Larve an absterbenden Wurzeln von Nadelhölzern frißt, kann der Käfer, der ein Alter von bis zu drei Jahren erreicht, junge Nadelholzpflanzungen völlig vernichten, da er die Rinde junger Bäume abfrißt. Unter den Rüsselkäfern gibt es sogar einige Vorratsschädlinge, darunter den Kornkäfer, der gelagertes Getreide befällt, die Körner ausfrißt und außerdem zur starken Schimmelbildung beiträgt. Da auch Mehlprodukte befallen werden, gehen die vom Kornkäfer angerichteten Schäden allein in der Bundesrepublik in die Millionen.

Apoderus coryli, Haselblattroller, 6 – 8 mm. Dieser Käfer fertigt – wie der Birkenblattroller – für seine Brut ebenfalls Blattwickel an, allerdings keine Längsrollen, sondern büchsenförmige Querrollen. Der Schnitt erfolgt nur von einer Blattseite aus; zwar reicht er über die Mittelrippe hinaus, doch ist der Wickel mit dem Blattrest breit verbunden und bleibt darum auch noch lange grün. Man findet den hübschen Käfer vor allem an Hasel, gelegentlich wickelt er aber auch an Erlen, Buchen, Pappeln und Eichen.

Curculio nucum, Haselnußbohrer, 6 – 9 mm. Die Arten der Gattung *Curculio* besitzen einen extrem langen Rüssel; er ist bei den Weibchen noch länger als bei den Männchen. In Mitteleuropa leben elf Arten, die meisten an Eiche, an denen die Larven die jungen Früchte ausfressen. Die abgebildete Art findet man an Hasel. Im Mai und Juni bohren die Weibchen mit ihrem Rüssel die jungen Haselnüsse an und schieben ein Ei hinein. Das Loch in der Nußschale vernarbt wieder. Die Larve frißt dann den Kern völlig aus – es bleibt nur eine krümelige Masse übrig. Die befallenen Nüsse fallen früher ab als die gesunden. Die erwachsene Larve bohrt sich durch ein kreisrundes Loch in der Schale aus der Nuß heraus, kriecht in die Erde und verpuppt sich dort. Im nächsten Frühjahr erscheinen die fertigen Käfer.

Cionus hortulanus, Braunwurzschaber, 3 – 3,8 mm. Die Gattung *Cionus* ist bei uns mit acht Arten vertreten. In ihrer Entwicklung zeigen sie gegenüber den anderen Rüsselkäfern eine Sonderheit: Larven und Puppen leben frei an den Fraßpflanzen. Das hat zu besonderen Schutzeinrichtungen geführt. Die Larven sind von einem zähen, klebrigen Schleim bedeckt, der ihnen Schutz vor Räubern und Sonneneinstrahlung verleiht. Die Verpuppung erfolgt in einem von der Larve gesponnenen Kokon, der an der Pflanze klebt und den Frucht- und Blütenständen ähnelt. Die abgebildete Art ist bei uns überall häufig und lebt an Braunwurz.

Lixus algirus, 13 – 22 mm. Die Gattung *Lixus* stellt in Mitteleuropa 20 Arten. Die Käfer leben auf Pflanzen, in deren Stengeln sich die Larven entwickeln. Die meisten Arten sind bei uns selten und nur an warmen Plätzen zu finden. Die abgebildete Art lebt vor allem auf Disteln und Malven.

Verzeichnis der wissenschaftlichen Namen

Verzeichnis der deutschen Namen

In der gleichen Reihe sind u. a. erschienen:

Gerhard Jurzitza
Unsere Libellen
Die Libellen Mitteleuropas in 120 Farbfotos.
Mit ausgesucht schönen und informativen Farbfotos stellt Prof. Dr. Gerhard Jurzitza unsere mitteleuropäischen Libellen vor.

Hans Pfletschinger
Bunte Welt der Insekten
120 Insekten unserer Heimat. Ein Bestimmungsbuch in Farbe.

Hans Pfletschinger
Einheimische Spinnen
Eine weithin unbekannte, faszinierende Welt stellt der bekannte Tierfotograf hier vor.

Georg Rein/Joachim Zech
Wunderwelt der Schmetterlinge
Ein Führer zu unseren heimischen Schmetterlingen.

Bob Entrop
Muscheln und Schnecken an Europas Küsten
Ein Bestimmungsbuch für Strandwanderer mit 120 Farbtafeln.
Der Verfasser beschreibt, wie man systematisch sammelt, präpariert und aufbewahrt und eine Sammlung schöner Meeresmuscheln und -schnecken anlegt.

Dietmar Aichele
Das fängt man mit der Angel
30 Süßwasserfische in Farbe.

Jan Bechyně
Welcher Käfer ist das?
In diesem Kosmos-Naturführer wird die reizvolle Welt der Käfer erschlossen.

In Ihrer Buch- oder Fachhandlung erhältlich.

Über Aquaristik liegt die Informationsschrift P 046 vor, über Naturführer der Prospekt P 018 und über Vogelkunde der Prospekt P 086.
Auf Anforderung schicken wir sie Ihnen gern zu.

Kosmos-Verlag, Postfach 640, D-7000 Stuttgart 1